だいわ文庫

偽《いつわ》りの明治維新

会津戊辰戦争の真実

星 亮一

大和書房

はじめに

ＮＨＫのテレビ番組「その時歴史が動いた」（二〇〇七年一〇月一七日放送）に、初めて会津《あいづ》藩主松平容保《まつだいらかたもり》が登場した。

義に死すとも不義に生きず
　会津戦争　松平容保　悲運の決断

である。この番組はその後三回、全国に再放送された。

「会津戦争、そのとき歴史はどう動きましたか」

という松平定知《さだとも》アナウンサーの質問に、この番組に出演した私は「会津（福島県）はみずからの正義を訴えるために、全員が死をかけて戦いに臨んだ。そして一四〇年後の審判をあおぐ。そのような気持ちだった」と解説した。

これが全国の方々から共感をいただいた。福島県知事、会津若松《わかまつ》市長から電話をいただいたのをはじめ、全国各地からメールが殺到した。会津に対する同情の声が圧倒的に多かった。

あのとき、日本人の多くは薩摩《さつま》（鹿児島県）や長州《ちょうしゅう》（山口県）の肩をもった。日本人には長いものにはまかれろという風潮が蔓延《まんえん》し、会津は孤立した。いまは見捨てられても、いつかは会津の気持ちを日本人が理解してくれる、そういう思いで、会津藩兵は戦場に向かい、白虎隊《びゃっこたい》の少年たちも自刃して果てた。

会津の人々は、長いあいだ朝敵の汚名に耐え、一世紀以上にわたり、その怨念《おんねん》を胸に秘めてきた。若松を追われ、青森の下北《しもきた》半島や北海道に移住させられた人々の末裔《まつえい》には、とくにその思いが強かった。

平成一九年（二〇〇七）、会津と長州について新しい動きがいくつか出た。山口県出身の安倍晋三《あべしんぞう》が総理在任中に会津若松市を訪れ、会津戊辰《ぼしん》戦争に関して「長州の先輩が会津の人々にご迷惑をかけた」と謝罪したことがあった（四月一四日）。

このとき、会津若松の反応は様々だった。会津若松市長も会津若松商工会議所の幹部も、

「遊説でちょっと喋っただけですからね、安倍さんは軽い、軽すぎますよ」

と、この発言を肯定的に受け止めることはなかった。戦死者が眠る飯盛山《いいもりやま》や天寧寺《てんねいじ》にお参りし、焼香すれば別だったが、遊説のつけ足しでは許せないということだった。青森県に移住させられた会津人の末裔は完全否定だった。

これに対し若者や高校生は、「現代の山口県人に怒りをぶつけても仕方がない」とややさめた感じだったが、いずれにしろ会津と長州のあいだに横たわる溝《みぞ》をうめるも

のではなかった。

　さらに二つの記事が世間をにぎわした。

　一つは「わだかまり氷解間近？」と題した朝日新聞福島県版（二〇〇七年九月二二日）の記事である。それは会津戊辰戦争のとき、白虎隊士として飯盛山で自刃し、奇跡的に助かった飯沼貞吉《いいぬまさだきち》が、じつは長州藩士楢崎頼三《ならさきらいぞう》の庇護《ひご》を受け、山口県美祢《みね》市で暮らし、その後、逓信《ていしん》官吏になったという内容だった。

　もう一つは、会津若松で開かれた鶴ヶ城《つるがじょう》健康マラソンに、下関《しものせき》市の江島潔《えじまきよし》市長が参加、会津若松市長と一緒に歴史交流シンポジウムにも出席し、「お互いの歴史を見つめ市民レベルの交流」を呼びかけ、福島民報が大きく報じた（二〇〇七年一〇月一日）。「下関市長、快走、わだかまり越え交流」という異例の大きさだった。

　萩《はぎ》市の野村興兒《のむらこうじ》市長も何度も会津若松を訪ね地ならしをしており、その上に立っての交流だった。こうしたことで、会津が長州に抱く怨念は、徐々に薄れつつあるという見方もあるが、「これも一過性の問題、決定的なことではない」という空気も根強く存在する。

　それはなぜか。会津戊辰戦争の真実には、表面的な交流だけではとてもうめることができない、深い溝があるからだった。

　明治維新にどこまで正当性があったのか。会津戊辰戦争は日本にとって必要で正しい戦争だったのか。会津と長州の本当の和解のためには、会津戊辰戦争の真実を検証し、その上に立って溝をうめる作業が必要なのである。

その作業はこれからといってよい。

星《ほし》　亮一《りょういち》

◉目次

第二章　兵士たちの思い

第三章　会津《あいづ》藩の降伏

第四章　京都守護職《きょうとしゅごしょく》

第五章　立ちはだかる男たち

第六章 大政奉還《たいせいほうかん》

第七章 挙藩流罪《るざい》

第八章　地獄の日々

第九章　二つの道

第十章　屈折の明治

偽《いつわ》りの明治維新

会津戊辰戦争の真実

第一章　悲惨な実態

略奪部隊

いったい、会津《あいづ》（福島県）と長州《ちょうしゅう》（山口県）のあいだになにがあったのか。会津人は戊辰《ぼしん》戦争以来、一四〇年間、長州に恨《うら》みを抱き続けてきた。これはもう周知の事実である。

戊辰戦争とは、慶応四年（一八六八）正月の鳥羽伏見《とばふしみ》の戦いから、上野戦争、越後《えちご》戦争、会津戊辰戦争と続き、明治二年（一八六九）五月の箱館《はこだて》戦争で終了する内戦である。会津は鳥羽伏見の戦いから長州や薩摩《さつま》（鹿児島県）と敵対し、会津戊辰戦争で敗れるまでけっして屈しなかった。

会津人にとって戊辰戦争、明治維新はどのようなものだったのか。そこには一四〇年にわたる会津人の屈辱と怒りの歴史があった。戦争はどんな場合でも悲惨きわまりないものだった。

会津人のこだわりはいくつかある。一つは会津戊辰戦争における官軍という名の薩《さつ》長《ちょう》軍の残虐行為である。

錦旗《きんき》、天皇の旗をかかげて会津に攻め込んだ官軍の実態は、帝の軍隊にはほど遠いものだった。分捕り部隊が存在し、薩摩、長州が競って土蔵を封印し、略奪の限りをつくした。女性も分捕りの対象になった。

どこに財宝がかくしてあるか、探し出す技術はたいへんなものだった。たとえば庭に水をまくと、水が染み込んだところに刀や壺がかくされていた。

なるほど、これは理にかなっていた。敵が攻めてきたというので、鶴ケ城《つるがじょう》（会津若《わか》松《まつ》城）の城下に暮らす人々は大いにあわて、刀剣や陶磁器、あるいは金銀財宝を庭に穴を掘ってうめた。地面は固まっていないので、水が染み込むのは自明の理だった。

それを目当てに江戸から古物商が乗り込み、泥棒市場が開かれ、買いとって江戸に運んだ。若松の人々は泣きの涙だった。自分の物を、高い金を出して買い戻さなければならなかった。

二つは過酷な戦後処理である。戦死者の埋葬を許さなかった。戦死者の遺体は犬に食われ、烏《からす》につつかれた。さらにすべての財産は没収され、会津藩士とその家族一万数千人は、陸奥《むつ》の下北《しもきた》半島に流罪《るざい》となった。そこでの悲惨な暮らしの事例は枚挙にいとまがない。

それにもまして会津人を苦しめたのは、朝敵、逆賊という汚名だった。幕末、会津藩主は京都守護職《きょうとしゅごしょく》として京都にいた。孝明天皇《こうめいてんのう》から絶大な信頼を受け、御所に攻め込んだ長州勢を撃退、孝明天皇から宸翰《しんかん》（天皇直筆の文書）を受けとった。このとき攻め込んだ長州は朝敵である。

それがいつの間にか逆になっていた。歴史のからくりである。会津藩を信頼した孝明天皇が奇怪な死をとげてから、幕末政治は逆転した。薩長が京都を制圧し、会津は京都から追われた。

そして会津戊辰戦争が起こり、会津藩は玉砕した。

城下の戦い

会津戊辰戦争とは、どんな戦争だったのか。会津藩士荒川類右衛門《あらかわるいえもん》の目撃証言は、胸が痛くなる。類右衛門は家禄《かろく》一三〇石、会津藩重臣北原采女《きたはらうねめ》の家臣であり、幼時から漢学、歌道、茶道など幅広く教養を身につけた文化人で、このとき二七歳だった。

薩長軍が会津に攻め込んだ八月二三日、類右衛門は城中に詰めていた。若松の玄関口、戸《と》ノ口がやぶられたと聞き、主君松平容保《まつだいらかたもり》につきそう主人北原采女にしたがって滝沢《たきざわ》村に出陣した。どんどんと砲声が遠雷のように響いてきた。

類右衛門はこの日のことを記述していた。『明治日誌』と題し、その記録は末裔《まつえい》の手で保管されている。最初に、このようにあった。

昨夜、戸ノ口がやぶられ、薩長は暁を待って山手より大銃、小銃を乱発して襲いかかってきた。もとよりご近習は小勢、そのうえ鉄砲はなく、槍《やり》のみたずさえての人数だったので、防ぎがたく、大いに瓦解《がかい》した。

主君の弟桑名《くわな》公（松平定敬《さだあき》）は滝沢で主君と別れ、米沢《よねざわ》（山形県）へ落ちられた。主君は甲賀町郭内まで引き揚げになり、御門に胸壁を築くよう命令があった。よって屋敷より畳を運搬《うんぱん》し、防戦の道を砕身尽力した。しかるに敵は五ノ丁まで攻め寄せたので急いで言上、主君は一騎で入城された。

自分も急いで城に入ろうとしたが、牧原隠居《まきはらいんきょ》が喉《のど》に刃を当て、自殺せんとしているのを見た。「早まるな、なぜ上様のおともをせぬのだ」というと、「至極《しごく》」といって血を流しながら城に走っていった。自分も早く城に入ろうとしたが、敵は五ノ丁から小銃を撃ち掛けてきたので、三宅の長屋に飛び込んだ。そこから土屋一庵の屋敷に出ると、家老の田中土佐《たなかとさ》が一庵とともに自殺していた。

それから甲賀町通りをうかがうと、老人、婦女子は、血にぬれ、血に染み、泣き叫《さけ》ぶ声が哀れだった。あるいは婦人、風呂敷《ふろしき》包みを背負って出てきて、逃げるさまたげ

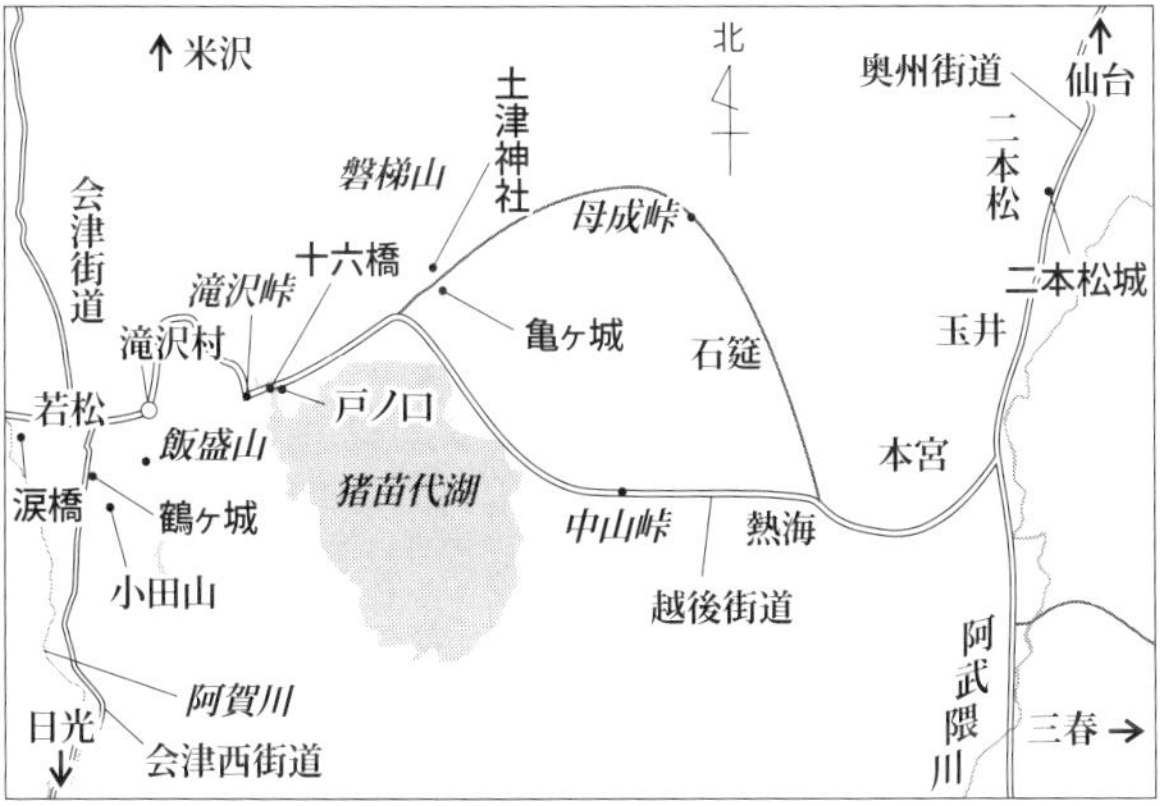

二本松から若松にかけての略図

となり、途中に捨てるもあり、または老人を背負って出てきた人もあった。まことに目も当てられぬ有様だった。

杉田の屋敷から裏をとおり、西郷頼母《さいごうたのも》の屋敷に出ると、婦人方が自殺しているところに出会い、見るも哀れなことだった。

それから城中に飛び入ったが、城中は閑散としていた。黒金御門に至れば、主君は床几《しょうぎ》（折り畳み式の腰掛け）に召され、西郷頼母大夫、簗瀬《やなせ》三左衛門《さんざえもん》大夫、北原大夫らお側の面々、お小姓が守護奉《たてまつ》り、しきりに降る雨のなか、上お二方にはお坊主がお手傘差し掛け奉っていた。ご守衛の面々は、雨に浴して並んでいた。

会津の誤算

奥羽《おうう》随一の武力を誇る会津藩らしからぬ

戦闘だった。なぜこんな大混乱になってしまったのか。これは一にも二にも、軍事局の情勢判断の誤りによるものだった。会津藩の首脳は、敵の会津領内への侵攻はもっと遅いと考えていた。

二本松城《にほんまつじょう》が落ち、敵は会津国境に集結したが、その敵は会津をさけ仙台に向かうという偽情報にまどわされ、対応が遅れてしまった。

母成峠《ぼなりとうげ》がやぶられ、敵が猪苗代《いなわしろ》に侵入したときも、「明朝、敵を戸ノ口で防ぎ、十六橋《じゅうろくきょう》の東に追いはらう」と家老の佐川官兵衛《さがわかんべえ》は豪語し、城下に緊急避難命令は出されなかった。佐川は実戦経験の豊かな会津切っての武将だったが、なぜかこのときは情勢分析が甘かった。前日に老幼男女に避難を命じておけば、類右衛門が目撃した二三日早朝の大混乱は防げたはずだった。


敵は次第に鶴ヶ城にせまってきた。城中からありあわせの鉄砲で防戦に努めたが、敵の弾丸は壁を貫き、怪我《けが》人が続出した。天神橋口が危なくなり、早く進撃すべしとの命令がしきりに出た。

類右衛門は主君から流れの杯を頂戴《ちょうだい》し、総勢三〇人ほどで城外に討って出た。二〇人は鉄砲組、ほかは槍組だった。主力部隊は国境に出ており、この日、城に集まったのは、類右衛門のような予備役や老人、子ども、婦人が多かった。

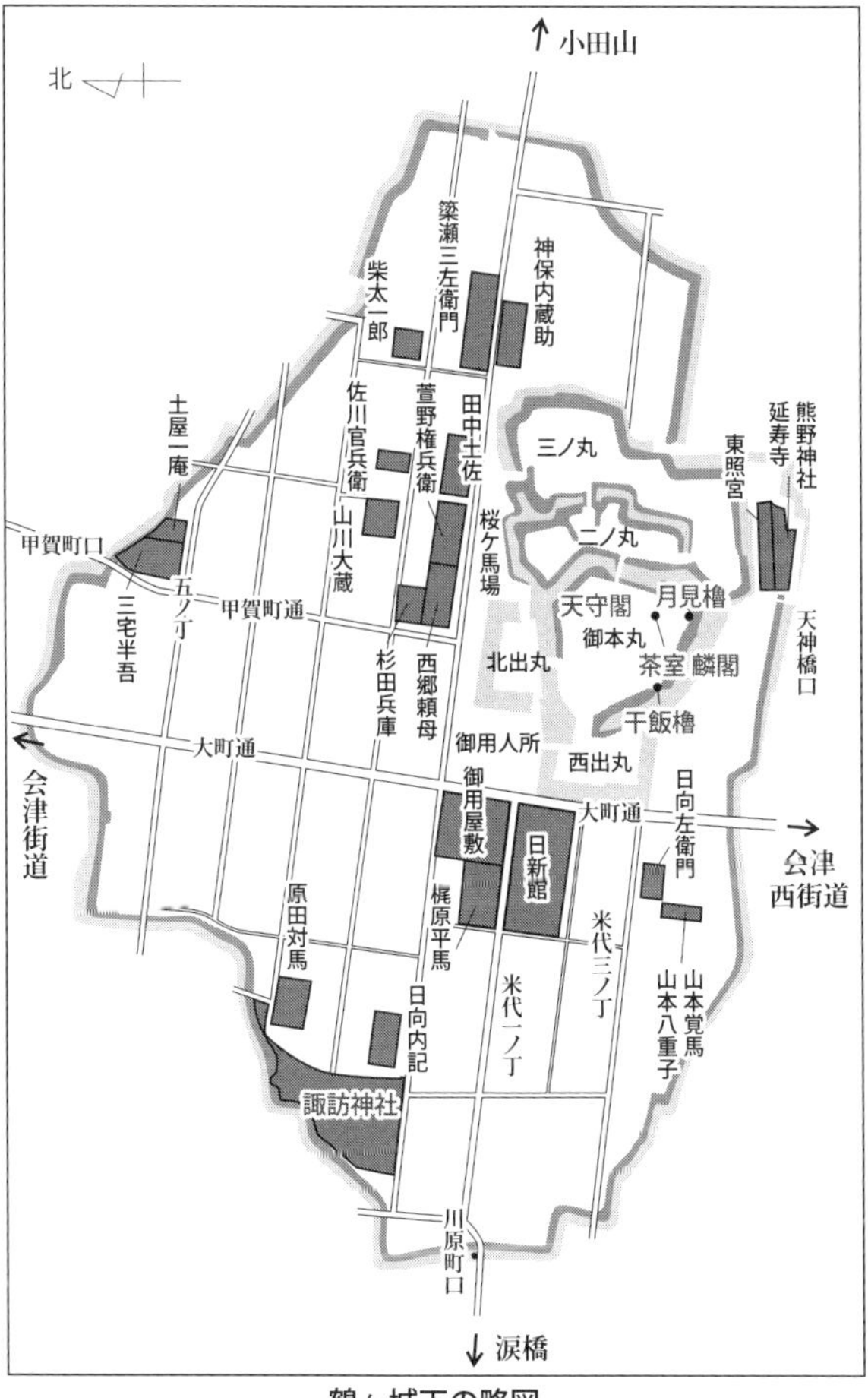

小田山
北
築瀬三左衛門
神保内蔵助
柴太一郎
佐川官兵衛
萱野権兵衛
田中土佐
土屋一庵
三ノ丸
熊野神社
延寿寺
東照宮
二ノ丸
山川大蔵
桜ケ馬場
甲賀町口
五ノ丁
甲賀町通
三宅半吾
天守閣
月見櫓
御本丸
北出丸
茶室 麟閣
杉田兵庫
西郷頼母
天神橋口
干飯櫓
御用人所
大町通
西出丸
会津街道
御用屋敷
日新館
日向左衛門
大町通
会津西街道
梶原平馬
米代三ノ丁
原田対馬
米代一ノ丁
山本覚馬
山本八重子
日向内記
諏訪神社
川原町口
涙橋

鶴ヶ城下の略図

類右衛門は槍を抱え、にわかに編制された三〇人ほどの人々と一緒に廊下橋に勢揃《せいぞろ》いした。生きては帰れぬと覚悟した。

かはねをは野山によしやさらすとも
おくれはとらし武士《もののふ》の道

と一首詠んだ。

類右衛門らは、鬨《とき》をつくって（戦いのはじめに全軍で声をあげること）天神橋口より討って出た。無二無三に突き掛かり、屍《しかばね》を越えて喚《わめ》き叫んで進んだ。薩長はその勢いに押されて敗走した。しかし味方も二〇人余が鉄砲で撃たれて死に、隊は壊滅状態におちいった。

敵弾は不思議に類右衛門をさけてとおった。類右衛門は敵の足だまりの延寿寺に火を放ち郭内に入った。さらに一ノ丁に出て、そこから勝手知ったる北原邸に入ると、薩長兵が囲炉裏に火を焚《た》き、兵糧《ひょうろう》を炊き出していた。

「わああ」

と攻め込むと敵は驚いて皆、逃走した。

だが門を出ると敵が押し寄せてきた。東西二方から砲声が聞こえ、会津兵の後ろを断たんとした。飛来する弾丸は、雨のごとしである。薩長に後ろを断たれれば、皆殺しにあう。

御用屋敷裏門をやぶって御庭に飛び入ったとき、一緒に戦いに出た野村源次郎が撃ち抜かれた。

「介錯《かいしゃく》、介錯ッ」

と叫んだが、敵が雲霞《うんか》のごとく群がってきたため、介錯はできなかった。源次郎の悲痛な声がいつまでも耳にこびりついた。

御用屋敷の御殿に入ると、なかは品々がとり乱れ、じつに哀れな有様だった。一同、もはやこれまでと御殿に火を放ち、自刃せんとした。そのとき隊長が、

「無益なり、いかにしてもこの場をまぬがれ城中に入り、再挙を図るべし」

と声をあげ、一同、これに応じて裏門から逃れ出た。

弾丸雨霰《あめあられ》のなか、米代一ノ丁の川を匍匐《ほふく》し、西出丸御門に引き揚げた。井深右近、富田三郎は股を撃ち抜かれる。穴沢最助は肩を撃ち抜かれた。野村源次郎は大町通りの御用屋敷の角で、喉を突いて死んだ。

類右衛門の文章は真にせまっていた。戦闘初日の様子がじつにリアルに書かれていた。

女たちも籠城《ろうじょう》

女たちも続々、城に駆けつけた。のちに軍事総督として籠城戦《ろうじょうせん》を指揮する山川大蔵《やまかわおおくら》の家は、鶴ヶ城の前にあった。

大蔵は日光口に出陣しており、祖父と母や姉妹たちが家を守っていた。一家は籠城戦は必至と見て、前夜からおにぎりを作り、家を出る準備をはじめていた。

早鐘がなるや、「それッ」と母と二葉《ふたば》、三輪《みわ》、操《みさお》、常盤《ときわ》、咲子《さきこ》の五人の姉妹と大蔵の妻トセの七人が城門に向かって走った。祖父と弟の健次郎《けんじろう》は一足早く入城していた。

一七歳の操は断髪して鎧《よろい》を身につけ、男勝りの姿だった。操は鉄砲をかついですぐに城壁から敵と応戦し、母は娘たちを叱咤《しった》して怪我人の看護と炊事に大わらわだった。

医者はいたが漢方医なので、手当てらしい手当てもなかったが、女たちは着物を裂き、それを包帯にして懸命に看護した。だがこの戦いの最中、トセは爆死してしまう。

腹が減っては戦はできない。大きな釜《かま》を探し出し、炊けるそばから御飯を握るのだが、炊き立てなので熱くて熱くて、手の皮がむけそうだった。一つ握っては手を水につけ、また握っては水につけた。男たちは争うようにしてにぎり飯をほお張った。水に落ちた御飯はあとで粥《かゆ》にして負傷者に食べさせた。黒く焦げたり、土に落ちたものを女たちが食べた。

皆があっと驚いたのは砲術師範の娘、山本八重子《やまもとやえこ》の出《い》で立《た》ちだった。着物も袴《はかま》もすべて男装し、麻の草履をはき、両刀をたばさみ、元込め七連発銃を肩にかついで城に入ってきた。弟の三郎《さぶろう》が鳥羽伏見の戦いで戦死しており、弟の仇《かたき》をとらねばならない。命の限り戦う覚悟だった。八重子はすぐに城壁に駆けのぼり、七連発銃で敵兵を狙《ねら》い撃った。

城内には白無垢《しろむく》に生々しく血がついているのを着ている婦人もいた。これは家族に卑怯《ひきょう》者がいて、城中に入って戦うのが嫌だというのを、手にかけてきたのであろうと八重子は思った。八重子はのちに同志社大学の創設者新島襄《にいじまじょう》の夫人になっている。なかには足手まといになると幼子を殺《あや》めて入城した人がいた。顔はひきつり心労でくたくたになっていた。その他、小さい子どもを背負った者、老人の手をとって入城した者、さまざまな人がいた。

本丸に行くと、大書院には大勢の女中が照姫《てるひめ》（主君容保の義姉）を囲んで警護していた。

そのうち敵は城の前の石碑のかげから、城内にドンドン大砲を撃ってきた。大砲の弾丸は丸く子どもの頭ぐらいの大きさで、それが破裂せずに畳や屋根の上に落ちるとプスプス音がして燃え出す。火事になったらたいへんなので、女たちは布団や着物を水にぬらして、火を消し止めた。

皆、死ぬ覚悟だった。ただ刀だけは切れるものをもってきた。どうせ死ぬなら自分だけ死ぬのはつまらない、敵を殺してから死のうと思ったためだった。

涙橋《なみだばし》の決戦

婦女子の部隊も編制された。京都から引き揚げた藩士の家族で、中野《なかの》竹子《たけこ》、母こう子、妹優子、依田まき子、妹菊子、岡村ます子といった人々で、四四歳から一六歳までの女性たちだった。鳥羽伏見の戦いで敗れた仇を討ちたいと、皆、懸命に薙刀《なぎなた》の訓練に励んだ。

婦女隊が男子の軍にくわわって若松の西、越後街道の涙橋《なみだばし》（柳橋《やなぎばし》）で戦ったのは、八月二五日、夜の九時から一二時ごろのことだった。皆、断髪して男装し、その上に色とりどりの着物を羽織り、見た目には男だった。白羽二重《しろはぶたえ》の襷《たすき》で袖《そで》をからげ、細い兵児帯《へこおび》で裾《すそ》をくくり、袴をはき、脚絆《きゃはん》（すねに巻く布）に草履、大小を差し、薙刀をもち、夜襲に出た。

男たちは当初、大反対だった。

「困って女まで出したといわれては、恥辱だ」

といった。

「それなら、頼まない。私たちだけで戦います」

竹子が啖呵《たんか》を切った。男たちはその勢いに押されて、しぶしぶ認めた。婦女隊は敵

会津藩婦女隊の奮戦想像図。明治以降に描かれたもので、
実際は馬にまたがっていたわけではない

兵と正面からわたり合い、目覚ましい働きを見せた。しかし隊長の中野竹子が額に銃弾を受けて即死したため、戦いを続けることはできなくなった。

「これ以上、犠牲は出せない。即刻、入城すべし」

家老萱野《かやの》権兵衛《ごんべえ》から、命令が出た。もし生け捕りにでもなれば、末代まで恥をさらすことになる。中野こう子は撤退を決断した。城中でも彼女たちは炊事、看護、弾薬の製造と不眠不休で働いた。一九歳の依田菊子と一六歳の中野優子は、どこに行っても白虎隊《びゃっこたい》の隊員に見られ、賄いに行くと、

「白虎隊が来た。かわいそうだ。餅《もち》をたくさんやれ」

と励まされた。

「国のためなら命は惜しくない」
婦女子の気合いもすごかった。

郊外へ避難

郊外に逃れた家族も多かった。初めから避難を予定していた家族は、すみやかに行動できたが、城に入れず、やむをえず郊外をさまよう家族は悲惨だった。

敵軍が真っ先に攻め込んだ米代三ノ丁は、鶴ヶ城の西南端にあり、三、四〇〇石クラスの中級武士の屋敷が集まっていた。日向《ひなた》ユキ一八歳の家もここにあった。父左衛《さえ》門《もん》は町奉行だったので、敵襲来の声を聞くや馬にまたがり飛び出した。遊撃隊の中隊頭だった二〇歳の兄新太郎は、家には帰っていなかった。家を守るのはユキと祖母、継母、それに下の弟二人と妹の六人だった。

母成峠がやぶられ、会津領内に敵兵がなだれ込み、十六橋も奪われ、日ごとに砲声が近くなってきた。早鐘が鳴ったので、ユキの一家は支度をして城に向かった。

しかしときすでに遅く、城の御門は固く閉じられ、入ることはできなかった。一〇歳だった弟の新三郎だけは荷物と一緒に先に城に入っており、三ノ丸の土手の上で、荷物の番をしながら皆を待っていた。だが家族と会うことはできず、新三郎はたった一人の籠城戦になった。

やむをえず一家は、弾丸の下をかいくぐって必死に郊外に逃れた。継母は薙刀をたずさえ、大小を帯び、懐剣をもっていた。途中、その重さと雨のために歩けなくなり、若党に大小をあずけた。

「これでやっと歩ける」

継母は肩で息をついた。

一家は方々、さまよい歩いたが、受け入れてくれるところが見つからない。陽はだんだん暮れていく、ひどく焦った。やっと知り合いの肝煎《きもいり》（村長）伝吉に頼み込んで世話してもらうことができたときの安堵《あんど》した気持ちを、終生忘れることはない。

あとでわかったことだが、父の馬は脚を撃たれてくずれ、父は馬から降りて奮戦したが銃弾を受け、もはやこれまでと切腹していた。

兄は銃撃戦のさなかに腰を撃たれて立てなくなり、尻餅をついて射撃を続けていた。しかし次に肩を撃たれ、身動きもできなくなり、部下に介錯を頼んで自決した。そこに敵が攻め込んだ。部下は新太郎の首を抱えて退却したが、敵の攻撃は急で、部下は新太郎の首を稲束のなかにかくした。

それを犬が見つけくわえて歩いていたので、見兼ねた村人が首を犬から奪って近くの小川に流した。部下が訪ねてきて、その一部始終を語った。ユキは悲しさのあまり倒れそうになった。すぐにもさがしに出かけたかったが、戦争の最中である。どうすることもできなかった。城下が燃え、連日大砲の音を聞きながら、ユキの家族は体を寄せ合い、降伏の日まで肝煎の家にかくれていた。

もはやこれまでと、自刃した婦女子も多かった。家老西郷頼母の一家は女たちが全員自害し、家老内藤介右衛門《ないとうすけえもん》の家族も入城できずに、自害した。藩の高官の家族ですらこうだったのだから、ほかはさらに悲惨だった。

『ある明治人の記録』を遺した、のちの陸軍大将柴五郎《しばごろう》の家族も自害して果てた。

二〇代の指揮官

国境に出ていた会津藩の男たちは、続々と鶴ヶ城に帰城をはじめた。八月二七日には山川大蔵が彼岸獅子《ひがんじし》の楽隊を先頭に入城し、城内の空気は一変した。

「食糧、弾薬の備蓄が足りず、この城はもたない」

と首席家老の梶原平馬《かじわらへいま》がいったが、全員で支えることで衆議一決、首脳部を一新して、次の体制で籠城戦に入ることを決めた。

家老梶原平馬　本丸で政務を担当
家老山川大蔵　本丸で軍事を担当
家老内藤介右衛門　三ノ丸を守備

家老原田対馬《はらだつしま》　西出丸を守備
家老海老名郡治　北出丸を守備
家老倉沢右兵衛　二ノ丸を守備
家老佐川官兵衛　城外で諸軍を統括

老臣はことごとく引退し、二〇代の若者が、政務と軍事を統括した。会津藩といえば老臣が多く保守的という印象が強かった。籠城戦までは、たしかにそうだった。しかし、ここに来て容保は陣容を一新させた。老臣では、もはや対応は不可能だった。

本来、薩長同盟が成った時点で、若手に切り換えるべきだった。それを是正する人事だったが、最悪の事態での交代である。しかもいきなり二〇代の若者である。倒産しかかった企業を突然、任されたと同じであった。

梶原と山川には正直、重荷だった。不協和音はさけられなかったが、二人は強引に突き進むしかなかった。敵は城の三方を包囲し、連日、砲撃をくわえてきた。砲弾が御殿のなかで破裂すると、屋根をやぶって床板をはね返し、土を掘る有様で、御殿のなかは足の踏み場もなかった。九月一二日など、兵の一人が月見櫓《やぐら》で敵軍の発した砲弾を数えていたら一二〇八発も撃ち込まれた。

ある晩、山本八重子が中老（奥女中のうち老女の次席）の瀬山と夜回りをしていると、向こうから来た一人の武士が腕を負傷していた。

「誰か」

と瀬山が尋ねると、

「ただいま酒の上で同僚と争い負傷した。治療所はどこでしょうか」

といった。これを聞いた瀬山は、

「殿さまに捧《ささ》げた体を、軽々しく酒の上で傷つけるような者に、治療所は教えられません」

と厳しい表情で拒絶した。これには八重子もびっくりした。

八重子のいちばんの心配は厠《かわや》（便所）に入っているときだった。武家の娘として一矢も酬《むく》いず犬死にするようなことがあっては、主君、家名に対してまことに恥ずかしい。戦えるだけ戦って立派な最期をとげたい一心だった。もし厠に入っているとき大砲弾が破裂して最期をとげてしまえば、女としてもっとも恥ずべき醜態をさらさねばならない。それは絶対にいやだった。

負傷者は日々増える一方だったが、医薬がなく、命を落とした人も多かった。ある晩、八重子が廊下をとおると長い廊下一面に兵士が寝ていた。激しい戦闘でつかれて寝たのだろう、風邪でもひいたらと思い、灯火《ともしび》を点けてみると、それは死体だった。戦死者の遺体置き場がなく、廊下に並べていたのである。

山川らが日々、戦えたのも、命がけで女たちが支えてくれたおかげだった。

強賊の振る舞い

類右衛門は佐川官兵衛の配下になり、郊外で戦っていた。九月一八口、類右衛門は、女性を裸にして惨殺した敵の卑劣な行為を目撃した。場所は会津高田《たかだ》町（福島県会津美里《みさと》町）の伊佐須美社内で、若い女性を裸にし、斬《き》り殺してあった。
会津人の怨念《おんねん》の一つは婦女に対する暴行である。類右衛門が目撃した事例は氷山の一角で、この行為はかなり広範におこなわれ、婦女子は耐えがたい辱《はずかし》めを受けていた。捕らわれた女性が数珠つなぎになっていたという目撃談もある。

類右衛門はこう記述した。

「その振る舞いは強賊というほかなし」

類右衛門は会津の奥、大内宿《おおうちじゅく》や田島《たじま》近郊に本拠地を構え、戦いを続行した。任務は敵軍の宿営を襲って武器弾薬を奪い、食糧を調達して城に送ることだった。ここには越後口や日光口から入ってきた薩長軍がいて、彼らとゲリラ戦を演じた。

現在、大内宿は茅葺《かやぶ》き屋根が保存され、観光地になっているが、夜になると寒威《かんい》がはなはだしく、民家に薪《まき》をこい求め、暖をとった。周辺の路傍には屍が散乱し、腐乱していた。それを見るたびに身が震えた。

このとき、じつはすでに会津藩は降伏していたのだが、佐川官兵衛は降伏を拒否し、戦いを続けていたのである。

九月二四日、近くの大芦村《おおあし》（福島県昭和村《しょうわ》）に討ち入った。敵が朝餉《あさげ》（朝食）のところを不意に襲ったので、敵は箸《はし》を投げ、狼狽《ろうばい》して逃走した。味方は得たりと、刀を抜いて斬って入った。蔵のかたわらから敵が一人現れでた。類右衛門を見るや刀を抜いて、真っ向に振り上げ、進んできた。これはよき相手と類右衛門は槍をひねって進み、突き入れたが、敵はこれをはらった。

「逃してなるものか」

と類右衛門は突進し、素早く太刀の下にくぐり、岩をもとおさんと臍《へそ》の下に突き当てた。敵兵がよろめくところを、すかさず胸板を突いて倒した。

この日、分捕りの品物は弾薬、千両箱、長持、両掛《りょうがけ》、天幕、駕籠《かご》、食糧などで、弾薬、金箱は村民に運搬させた。そして分捕りの酒を飲み、しばらくときをすごすと、敵ははやくも野尻村《のじり》（福島県昭和村）に屯集した。

分捕りの弾薬を搬送するには、山路を越えなければならない。大芦の村民たちは皆、暇をこうた。それを諭し、ようやく山を越え本道に出ると、麻布村の村民が佐川隊の戦闘の勝利を聞き、喜んで駆けてきたので、運送の人夫を麻布村の村民に代わらせ、大芦の人夫を帰らせた。人夫は大いに喜び帰っていった。

路は険阻、かつ戦いに疲憊《ひはい》し、兵は皆、歩行に苦しんだ。

村民が松明《たいまつ》をもち、兵糧をかついできたので、盲目の杖《つえ》を得た心地で明かりを得、飢えをしのぎ、五更《ごこう》（午前四時ごろ）、麻布の村宿に凱陣《がいじん》し、分捕りの諸品をまとめて眠った。

農山村での戦闘はゲリラ戦だった。地の利がある会津軍は敵に一歩もひけをとらず、互角の戦いを見せた。

第二章　兵士たちの思い

一年かけての行軍

『維新戦役実歴談』という長州《ちょうしゅう》（山口県）側の資料がある。そこに兵士たちの戦いが記されている。

河村楳治は長州藩第四大隊一番中隊の兵卒だった。慶応《けいおう》三年（一八六七）一一月二五日朝、長州の萩《はぎ》を出発した。このとき、二六歳だった。

長州を出て、三田尻《みたじり》に着き、二八日の晩には船に乗り込んで、一二月四日か五日には、備後《びんご》（広島県）尾道《おのみち》に到着した。

翌慶応四年（一八六八）正月八日に尾道から船で鞆《とも》（広島県福山《ふくやま》市）に上陸、九日には備後の福山城を攻撃し、城の南のほうに進んだが、間もなく福山藩は降伏した。

その後、三月になってから東海道の先鋒《せんぽう》を命ぜられ、長州の鋭武《えいぶ》隊《たい》一中隊、薩摩《さつま》

（鹿児島）、大村《おおむら》（長崎県）、佐土原《さどわら》（宮崎県）の兵と一緒に京都を発った。毎日の行軍は五、六里（一里は約四キロ）ぐらいで、川崎まで行くと、ここで先込め銃と元込めの鉄砲をとり替えた。

さらに高輪《たかなわ》の大木戸《おおきど》まで行くと、印半纏《しるしばんてん》を着た鳶人足《とびにんそく》のような者が金棒をもち先頭にたって案内してくれ、芝《しば》の青松寺《せいしょうじ》に着いた。隣の増上寺《ぞうじょうじ》には、薩摩の西郷隆盛《さいごうたかもり》がいた。

しばらくここで日を送ったが、閏《うるう》四月（暦と季節のずれを調整するために入れられる月。旧暦にあった）に上総《かずさ》（千葉県）で幕府の兵に官軍が負けたので、隊は鋭武隊と薩兵と一緒に上総に出かけた。部隊が着くと、敵は南の木更津《きさらづ》へ逃げたので、鉄砲を撃つこともなく、今度は丸の内の旧米沢《よねざわ》藩（山形県）の上杉《うえすぎ》邸に向かった。

それから上野戦争がはじまり、五月一五日に団子坂《だんござか》から攻めたが、上野の寛永寺《かんえいじ》の坊主たちがなかなか強くて退かない。

戦いの最中、他藩の兵と代わり食事をしていると、こちらに走ってくる兵がいた。なんだろうと見ると、味方の兵が負けて逃げてくる。食事をやめてまた戦いに出て、勝利をおさめた。

河村らは呉絽《ごろ》服（粗末な服）に筒袖《つつそで》で、にぎり飯を背負って、腰には弾丸を五〇発ぐらいつけて鉄砲をもち、刀を差していた。

上野が落ちた翌日、山内を巡邏《じゅんら》すると、坊主の死体が転がっていた。東照宮《とうしょうぐう》の右手の辺で大小を差した立派な武士が来たので、兵の一人が、貴様はなんだと聞いた。けっして幕府方ではないといったが、こやつは怪しいと誰かが後ろから斬《き》り倒した。

六月一五日には江戸を発って白河《しらかわ》（福島県）に向かった。

六月二四日には棚倉《たなぐら》城を落とし、七月二八日には二本松《にほんまつ》城を落とした。

二本松城に入ったとき、河村らの隊の小林某が奥の間に入ってみると、残兵が一人いて刀を抜いて斬り合いになった。向こうが強くて段々、追い詰められたが、味方がすぐに行って斬り倒した。

それから会津《あいづ》（福島県）に向かった。母成《ぼなり》峠という非常な要害があり、会津がだいぶ抵抗したが、河村が到着したときは、峠にもはや会津兵はいなかった。

河村は長州の萩を出てから約一年後に、やっと最大の戦場、若松《わかまつ》に到着したことになる。疲労困憊《ひろうこんぱい》、よれよれになって会津に攻め込んだ。

無念の切腹

藤井浅次郎は、長州藩第四大隊二番小隊に所属していた。二本松が落城して今度は会津だというので、母成峠に向かった。もとより食糧はないから、なんでもとって食うより仕方がない。ところが母成峠の麓《ふもと》にはなにもなかった。大きな唐茄子《とうなす》（かぼちゃ）を見つけ、それをとって煮て食べた。米をさがし、飯を炊いて食う者もいたが、先に行けとせかされた。

十六橋《じゅうろくきょう》を早くわたらなければということで、藤井らは駆けていった。会津兵が十六橋を一枚落として行ったから、梯子《はしご》をかけてわたった。会津は盛んに撃ってくる。兵糧《ひょうろう》はないので、藤井らは腹が減って仕方がなかった。

夜明けになって雨が降ってきた。ひどい雨だ。小荷駄方《こにだかた》（馬に負わせる荷物を扱う人）が百姓家をさがしたところ籾《もみ》があったので、それをゴロゴロ挽《ひ》いて、飯を炊いてもってきた。にぎり飯が固まっていない。ボロボロで食えたものでない。しかし空腹でたまらない。それを食っているうちに夜が明けた。どんどん進んで鶴ヶ城下に押し込んでいった。

諏訪《すわ》の森に神社があった。向こうが台場を構えている。それへ掛かって大手門に向かった。門を閉めていて入れぬから、その門にのぼり、なかへ飛び込んで内側から開けた兵がいた。今日なら金鵄《きんし》勲章ものだった。

門の固めの者、三〇人ばかりが腹を切っていた。なかには切ったばかりでピクピクしている者もいた。いま腹を切ろうとしている者もいた。

続いて第二の門、第三の門がある。そこに鉄砲を撃っても、どうしても進むことができない。仕方がないので、左右の家中屋敷に入り、家のなかから畳を出して台場をこしらえ、そのあいだから撃った。それから家中屋敷に火を放ち、郭外に引き揚げた。

夜になり、諸方面へ出ていた会津兵が戻ってくるたびに鉄砲を撃つが、真っ暗なので、弾がどこからくるのか、敵がどこにいるのか、味方がどこにいるのか、さっぱりわからなかった。

翌日、諏訪の森へ向かった。夜は篝火《かがりび》を焚《た》いていたが、雨が始終降って火が消えると敵がやってくる。藤井らは畳を積んで雨よけとし、そのなかに入っていた。そこに会津兵が現れ、畳の上から刀を振り回し、だいぶ殺された。

会津の兵士三〇人ほどが、門のところで自刃していたというのは、会津にはない証言だった。これらの者たちにとって、城下が敵に蹂躙《じゅうりん》されるなど夢にも思わぬことだった。会津は正義と信じており、なぜだという思いだったろう。

一方、攻め込んだ兵は右も左もわからず右往左往していた。会津軍がしっかり城下を固めていれば、敵兵を駆逐《くちく》することも不可能ではなかった。が、軍勢を郊外に出したため、城下がきわめて手薄になっていた。

会津女性の夜襲

長州兵椿太郎吉は、須賀川《すかがわ》から母成峠を越えて猪苗代《いなわしろ》に入った。母成峠の戦闘は激しかった。夜は猪《いのしし》が出てくる。岩のあいだで一夜を明かした。右手に高い山があり、そのほうから鉄砲の音がするので行くと、台場をこしらえ、炊き出しするところもできていた。会津兵は逃げてしまい、そこへ上がって朝食をとった。

猪苗代に行くと、湖水口のところに十六橋がかかっていた。会津が逃げしなに橋の一部を落としていったからわたれない。そのうちに薩兵が材木をもってきたのでわたれるようになり、会津の城下が見えるところまで行って露営をし、鶴ヶ城下に攻め入った。

会津は籠城《ろうじょう》し、市街と城中で戦いになった。城壁に接近して戦死した者の死体は、落城までとり戻すことができなかった。

太郎吉は諏訪の森で、隊長らしい者が戦死しているのを見つけた。指揮旗をもち、立派な刀、時計をもっていた。その刀を刀屋に見せたところ、出入りの旦那の注文でつくったものだという。刀をその刀屋にやると、非常に喜んでいた。

それから三四、五歳ぐらいの侍の妻らしいのが、一二、三ぐらいの男の子どもを連れて太郎吉らの進んでいるところへ出てきて、どこへ行ったらあなた方の邪魔にならないだろうという。太郎吉はここにじっとしていれば撃ちはしないといって、そこにいさせた。

ところがそのうち、それの姑が来て敵に助けてくれとはなにごとかというから、「このくそばばあ殺してやる」といって、殺して溝《みぞ》のなかへほうり込んだ。そこは歩《ほ》哨《しょう》のとおり道だったので、「このばあはえらい奴じゃ、えらい奴じゃ」といってとおるようなことも何遍かあった。

会津の女はたいしたものだった。太郎吉が夜間、焼け跡で番兵をしていると、草履を履き薙刀《なぎなた》をもって番兵を襲いにきたことも二、三度あった。

また城下討ち入りの際、諏訪の森で主従とみられる七、八人の侍が自刃していた。敵ながら感心した。籠城していた者が降伏ということになって整列したところを見ると、女がたくさん残っていた。女が本気になればこんなものかも知れぬと思った。

椿太郎吉の証言で注目されるのは、会津の女性の強さである。分捕り部隊に拉致《らち》された女性も数多くいたが、薙刀で夜襲をかけた女性がいたことは驚きだった。長州兵も感心するほど、会津の女性は強かった。これは特筆すべきことがらだった。

非道な板垣退助《いたがきたいすけ》

これは長州兵杉山素輔の証言である。

八月二九日の戦闘は大激戦だった。杉山が会津の戦死者の懐中物を引っ張り出すと、八月二九日戦死という書きつけがあった。なかには血判したものも入れてあった。あとで聞くと越後《えちご》口から城中に入った三六〇人ほどが、どうしても越後口の戦線を奪わなければ敵を撃退できないと、主君松平容保《まつだいらかたもり》に申し上げたが、

「それはならぬ、よせ」

というのが主君の意向だった。それでもやるといって血判を押した。ふたたび主君にお目にかかることもあるまいと思ったという。なにしろ来れば撃ち、出れば撃たれというふうに、どちらも顔を見さえすればすぐに撃ち合っていたのだ。

九月三日か四日であったが、薩長《さつちよう》軍の大本営から兵士たちに、小銃戦はいっさいならぬという指示があった。大砲攻めである。山の中腹に台場を築き、総体で二〇門ばかりの砲を運んだ。いちばん大きいのは薩摩がもってきた八〇斤の臼砲《きゆうほう》で、城の天守閣を的にして発砲をはじめた。

午前八時から午後四時ごろまでだった。天守閣は蜂の巣のように穴が開いたが、どうしてもくずれなかった。

その後、また小銃での戦闘になったが、会津はよほどつかれたのか、あるいは死傷者が出たためか、小銃戦もだいぶ落ち着き、ついに九月一八、九日ごろであったか、矢文を会津から撃ち出した。竹の筒へ降伏書を入れて小銃で撃ち出したのだ。

しかし、薩長軍は黙殺して戦争を続けた。だが二二日になって、会津は白旗を立てて出てきた。それで戦争は停止となった。

二三日に城を明けわたすことが決定し、大本営より城を受けとりに行くことになった。会津は大砲一門に対して弾薬が一発しかない。小銃も一挺《ちょう》に対して弾丸が三発ぐらいしかない有様だった。それでは到底、抗戦できぬということになって降伏の始末になった。


杉山は、籠城の会津兵は疲労困憊、食糧も弾薬も切れ、降伏したと証言した。これらの証言をみると、一般の兵士は会津兵をそれほど憎んではいなかった。杉山も会津人の切腹には敬意を表し、弾薬がつき、降伏に追い込まれたことにも同情を示した。

会津軍が矢文で降参の意思表示をしたという事実も、会津側にはない証言だった。これは会津軍の軍事局の意思か、あるいは個人的な行動かは判断がつきかねるが、相当に困窮《こんきゅう》していたことを裏づける証言といえた。

土佐《とさ》（高知県）の参謀板垣退助《いたがきたいすけ》や薩摩の伊地知正治《いぢちまさはる》は、当初これを無視したことになる。城内には多くの怪我《けが》人がおり、老人、子どももいて一刻も早い救出が必要だった。これは非人道的行為であった。

四面楚歌《しめんそか》の鶴ヶ城

薩摩の兵士伊藤四郎左衛門は薩摩藩出水《いずみ》郡出水郷に生まれ、慶応四年八月番兵一番隊の小隊長として会津戊辰戦争に参戦した。

『薩藩出軍戦状』によると、八月二〇日未明に、伊藤らは二本松を発軍した。土佐一小隊が熱海《あたみ》村近くの会津の関門にせまったところ発砲され、薩摩私領二番隊、長州一小隊、大垣《おおがき》（岐阜県）の一小隊が進撃し、会津兵を敗走させた。

夜、長州、大村、佐土原、大垣の各藩隊長が会合、二一日の母成峠転陣を会議、迂《う》回路《かいろ》から石筵《いしむしろ》を攻撃することで一決した。

二一日夜、石筵に進軍、各軍石筵より母成峠までの砲台を乗っとり、暫時、石筵で休憩、兵糧の準備をして同夜一二時、石筵を発軍、母成峠に早朝四時に着陣した。大風雨で、露営は困難だった。

母成峠は二本松と会津の国境で、会津軍は陣屋を建築中で、木材などを多数集めていた。

この戦闘で薩摩兵二人が負傷、長州、大垣兵の死傷は一四、五人におよんだ。戦闘で会津の四斤半の野戦砲六門を分捕った。

二二日、官軍各隊は母成峠発、大田村木地小屋で暫時休兵した。会津兵は猪苗代亀《かめ》ケ《が》城《じょう》および土津《はにつ》神社を自焼、各隊は猪苗代より二里余、戸《と》ノ口まで進軍した。

会津進撃は明朝三時集合、四時発軍と決まり、土佐、大垣、大村、長州、薩摩の順で攻め入ることも決まった。番兵一番隊は私領二番隊、土佐三小隊と後方からの敵を警戒、猪苗代警備となった。

二四日朝一〇時、番兵一番隊は、午後三時に若松に着陣、会津兵は城内を固く守り、先に進むことは容易ではなく、郭内家中屋敷へ放火、各藩で持ち場を固めた。

夜、会津兵の甚之丞《じんのじょう》なる者を生け捕り、城内の様子を聞きとった。家中屋敷で男二人、女六人を殺害し、屠腹《とふく》している者がいるという。野中正兵衛なる男で、戦場より立ち帰り、家族を諭して殺害したとのことだった。じつに哀れであった。

二五日、甚之丞の自白で、近くの村に火薬庫三棟あることがわかり、四斤半砲で撃つと、火薬庫が破裂し、大音響とともに崩壊し、木石が飛び散った。

二六日には城に近い青木山《あおきやま》に、大小砲および佐賀藩のアームストロング砲をもち上げ、城内へ連発した。

九月九日、若松の西にある七日町《なのかまち》から出火、宿営八町余焼失、各隊とも弾薬のもち出しで大混乱になった。しかし会津兵の動きはなく、疲労困憊、事態が急迫しているものと思われた。城内の敵の死亡者数は数百人で、糧米も乏しく白米と玄米をとりまぜ炊事していることだった。

九月一七日、青木村に会津兵が屯集したところを、薩摩一番、二番、三番隊と長州、土佐、佐土原の兵が進軍、会津兵は城内に敗走した。佐土原兵が会津の重役を生け捕り、その者は割腹した。

母成口、白河口、日光口、越後口から官軍が若松に侵入、鶴ヶ城を四方からとり囲み、大小砲で攻撃した。城内は食糧、弾薬ともに欠乏、窮迫していることが生け捕りの者の自白でわかった。

会津藩重役の手代木直右衛門《てしろぎすぐえもん》と従者三人が、嘆願の筋ありと参謀方に来た。手代木はこれまでしばしば降伏謝罪の嘆願を申し立て、一四日には米沢藩の陣所に忍び込み、米沢藩に降伏謝罪の嘆願を依頼していた。

米沢藩では手代木の手を縛り、官軍の参謀方に申し出た。城内は降伏、防戦にわかれたということである。

伊藤の証言も随所に複雑な思いが散見される。生け捕りの者からしきりに城内の様子を聞き出し、会津兵に同情していた。伊藤も、切腹も辞さない会津の武士道に驚きの目を向けた。この報告もそうだが、前線で戦う薩長軍の兵士は、意外に冷静だった。

郡上藩《ぐじょう》からの援軍

美濃《みの》の郡上藩《ぐじょう》（岐阜県）の江戸詰めの子弟たちが、会津に駆けつけた。郡上藩四万八〇〇〇石の凌霜隊《りょうそうたい》である。彼らもまた戊辰戦争という未曾有《みぞう》の動乱に巻き込まれた犠牲者だった。

郡上藩はいち早く薩長の軍門にくだったが、江戸家老朝比奈藤兵衛の独自の判断で会津に援軍を送った。朝比奈は、奥羽《おうう》越《えつ》列藩《れっぱん》同盟《どうめい》（会津と庄内の救済を目的に結成された薩長と敵対する同盟）が勝利することもあると判断し、自分の嫡男茂吉一七歳を隊長に選び、会津に向かわせた。

『心苦雑記』によれば、隊員は藩士三七人、小者六人の計四三人で、全員江戸の兵士たちだった。四七人という説もある。部隊は砲術、工兵の士官、軍医もふくめた部隊で、軽くて短いスペンサー銃を装備した。国元は薩長への恭順だったので、脱走という名目だった。出兵の理由は、会津が勝利し、旧幕府を中心にした政権誕生も見込んだものだったが、会津の正義に武士道を感じ、志願した若者もいた。

一行は慶応四年四月二〇日に日光の今市《いまいち》で会津兵と合流、宇都宮で戦い、五月一一日からは会津藩の命令で那須《なす》の塩原《しおばら》を守り、八月、上三《かみみ》依《より》、横川《よこかわ》をへて会津に入り、大内《おおうち》峠で戦い、九月六日、鶴ヶ城に入った。

滞陣が長かったのは塩原で、会津藩の小山田伝四郎隊が三ヵ月も守った。引き揚げる際、敵に使われないよう宿場を焼きはらったが、凌霜隊の宿舎だった丸屋と和泉屋と妙雲寺は焼きはらうに忍びず、解体して焼失を防いだ。

鶴ヶ城下の戦いを描いた錦絵

　このあと横川宿、大内宿で戦い、三人が戦死、会津の手前、関山宿の戦闘でも、一人を失ったが、いくつか勝利もあった。高田《たかだ》周辺の戦いでは、敵の大砲、弾薬を分捕った。弾薬は数知れず、大砲は四門で、着物、手ぬぐい、砂糖、なんでもあった。隊員は戦闘のたびにちりぢりになったが、九月四日から六日にかけて、どうにか鶴ヶ城に入ることができた。

　城では日向内記《ひなたないき》がひきいる白虎隊《びゃっこたい》と一緒に城内を守った。白虎隊は若年血気の者五〇人ほどだった。

禄盗人《ろくぬすっと》

　さらに郡上兵の記録は続く。八月二三日は城中に老兵しかおらず、総人数一五〇人ばかりで、まことに危なかった。会津藩の酒井某が薩長に内通し、三ノ丸まで敵兵二〇人ほどが乗り込んだが、城内の老兵は憤《ふん》怒《ぬ》して、追い退けた。酒井のごとき不忠不義の者には、たちまち天罰がくだって殺され、獄門にかけられた。

逃亡兵もいた。城が危なくなったのを見た二〇〇石、三〇〇石、なかには五〇〇石の上級武士までが、およそ二〇〇人、山中に逃げたということである。これらの者は禄盗人《ろくぬすっと》というべきである。

城はじつに堅固で、わずか二〇〇人で一〇〇〇人の敵から守った。特筆すべきは女子である。髪を切り、袴《はかま》に一刀を帯し、勇ましき有様だった。

城の堀は深く、大手門、そのほかの門は横を向いているので見えず、大砲で撃ちやぶることもできず、北出丸、西出丸、二ノ丸、三ノ丸も同様だった。天守は五重で、本丸のなかにある。兵糧、弾薬さえつきなければ何年戦っても落ちないと思われた。

しかし小田山《おだやま》を奪われ、ここから日夜、砲撃を受け、困窮した。また櫓《やぐら》、土塀は破損がひどく、西出丸の白虎隊と凌霜隊のもち場は四、五〇間の城壁を土塀内に築き、各々のもち場を決めて、敵の襲来に備えた。

九月一四日、三ノ丸から小田山に向かって押し詰め戦った。夜のうちは勝っていたが、夜明けとともに、模様が悪くなった。敵はところどころに穴を掘り、そこから発射したので、会津側は損傷して引き退いた。

地獄の責め

薩長軍は七日町、さらには小田山から大砲を間断なく発射した。砲弾は雷が落ちるように激しく落下し、地獄の責めとはこのことだった。敵は昼夜を問わず発射したが、味方は格別、発射せず、敵弾を受けるばかりだった。弾が極端に不足し、会津の運もつきた感じだった。しかし婦人は一向平気で、井戸に行き、洗濯し、じつに勇婦というべきであった。

一四日までは城外に出て、町屋の焼け跡から衣類、夜具、味噌《みそ》、塩、醬油《しょうゆ》、鍋釜《なべかま》、桶《おけ》、その他なんでももち出すことができ、寒気をしのぎ、気力を養うことができた。しかし煙草は大困窮だった。小銃は人数分だけあり、火薬もあったが、大砲と砲弾の不足は致命的だった。

敵の砲弾が塀際で破裂、大砲方二人が怪我をした。一人は手首を撃たれ、鉄砲で自害した。もう一人は腰を撃たれ、まことに気の毒だった。敵の砲弾は不発が少なく、味方は大いに苦戦した。

困ったのは排泄《はいせつ》物である。多人数の籠城のため雪隠《せっちん》（便所）がたちまちつかえ、これを掃除する者もいない。道端、屯所脇とも足の踏み場もない。糞尿《ふんにょう》のにおいがはなはだしく、その近くでは食事ができなかった。

そのうち兵糧、味噌、薪《まき》が不足し、兵は段々元気がなくなってきた。飯は真っ黒い御飯に変わった。

九月二一日、米沢の上杉家の使者が城中に来て、官軍の兵士は三万人を超え、かつ奥羽征討総督《せいとうそうとく》の仁和《にんな》寺宮嘉彰《じのみやよしあきら》が塩川まで出張、容易ならざる形勢であると告げた。これより降伏の話が進んだ。

九月二二日、ついに降伏のときがきた。凌霜隊も降伏に同意する署名帳を提出し、異存がないことを示した。

凌霜隊の記録もきわめて貴重だった。藩士の脱走はじつに不名誉なことで、二〇〇人という数字は会津藩の記録には見られない。勇武を誇る会津藩としては衝撃の数字である。これもふくめて、今後は『心苦雑記』をくわしく検証する必要がある。

第三章　会津藩《あいづ》の降伏

白旗

婦女子もふくめて懸命に戦ったが、会津藩《あいづ》（福島県）は勝てなかった。弾薬も食糧も切れ、落城寸前だった。主君松平容保《まつだいらかたもり》はみずからの命と引き換えに、降伏を決断した。容保は人格的にすぐれた君主だった。

最終的に容保は助命される。これは、容保を斬首すれば薩長《さっちょう》新政府の非情さが国民の前に明らかにされ、かならずしも得策ではないという判断が、薩長首脳にあったためである。

慶応《けいおう》四年（一八六八）九月二二日、松平容保は全軍に開城を伝え、翌二二日、鶴ケ《つるが》城《じょう》の北追手門に「降参」と大書した白旗を立て、一ヵ月におよぶ城下の戦いは終わった。

明治初年の鶴ヶ城

開城になったのは、九月二二日である。山本八重子《やまもとやえこ》はその夜、三ノ丸を出るときに、城中の城壁に歌を書いた。

　　あすの夜はいづくの誰かながむらむ
　　　　なれしみそらにのこす月かげ

この歌は次をふくめて三通りあり、どれが八重子の歌かよくわからない。

　　あすよりはいづくの誰か詠《なが》むらん
　　　　馴れし大城にのこす月影

　　明日よりはいずくの人かなかむらん
　　　　なれし大城にのこる月影

和歌は人づてになると段々、変わってゆくものである。

数字の謎

この日、鶴ヶ城で開城をむかえた会津軍の総員は、『会津戊辰《ぼしん》戦史』によると、次の四九五六人だった。

一、治官士中（軍事局）　一六〇人
一、兵卒　六四六人
一、兵隊士分　七六四人
一、士分以下　一六〇九人
一、他邦の者　九七人
一、士中の僕　四二人
一、鳶《とび》の者　四二人
一、婦女子　五七〇人
一、病者　二八四人
一、老幼　五七五人
一、女中　二〇人
一、若狭伯母付　三二人
一、奥女中　二五人

一、下女　七人
一、器械掛士中　一五人
一、役人　六八人

これを見ると、老幼婦女子がじつに一二〇〇人近く籠城《ろうじょう》していた。戦国時代にはこうしたものもあったが、時代は幕末維新である。きわめて特異なケースであった。だから戦えたという部分と、戦いが困難だった部分とが半ばするものだった。老人、子どもは足手まといになり、マイナスだった。

残された兵器は大砲五〇門、小銃三八四五挺《ちょう》、胴乱一八箱、小銃弾薬二三万発、槍《やり》一三二〇筋、長刀八一振とあるが、凌霜隊《りょうそうたい》の『心苦雑記』もほぼ同じ数字になっていた。これは会津の資料からの引用であろう。というのは『心苦雑記』の完成は明治三〇年代と思われるからである。

この数字には疑問点がある。全体の数字と内訳に誤差があるのだ。小銃弾薬二三万発は多すぎるし、長刀八一振はいかにも少なすぎる。薩長軍は捕虜からこまめに城内の様子を聞き出しているが、そこで得た情報では、小銃弾薬はほとんどなくなっている。二三万発はつじつまが合わない。なんらかの理由で作為があったと思われる。あるいは残存火薬の量から算定したのかもしれないが、どちらにしろ長刀八一振は、あ

飯盛山にある白虎隊士の墓

まりにも少ない。これはなにを意味するのか、検証が必要である。

降伏後のゲリラ戦

男子は塩川《しおかわ》と猪《い》苗代《なわしろ》に謹慎となるが、会津藩兵全員が即時、降伏したわけではなかった。佐川官兵衛《さがわかんべえ》の部隊は降伏を拒否した。城下の戦いでの佐川は、歴戦の勇にしては期待はずれだった。佐川の情勢判断は、ひどく間違っていた。薩長を会津から追い出してやると豪語し、敵を甘く見ていた。

この判断が鶴ヶ城下に大混乱をもたらした。的確に判断し、避難命令を出しておけば、婦女子、老人の犠牲者は少ないはずだった。籠城戦に入ってからも、佐川はがむしゃらに突撃して、犠牲者を増やした。

しかし城外に出てゲリラ戦に転じてから

は、見違えるような戦いぶりを見せた。田島《たじま》の栗生沢《くりゅうざわ》では、村人をゲリラ部隊に仕立てあげ、敵兵を恐怖のどん底におとしいれた。

栗生沢村名主『湯田久右衛門聞書』(『田島町史2巻』)には、要約すると次のようにある。

「官軍二度田島に来て、乱暴を働いた。一〇〇人ぐらいの悪官軍が残り、村々を押借りするなどした。地方の百姓の手をもっては、いかんともしがたく、名主が秘密会議をなし、針生《はりゅう》より田島組一戸一人ずつ出して追いはらうことを決定した。

九月九日五ツ、田島で会う約束を早馬にて各部落へ知らせた。谷地で鉄砲を撃ち、教林寺の鐘をついたのを合図に攻撃すると、役所にいた官賊どもは皆、逃亡した」

官軍の兵士は会津の大部隊が来たと勘違いし、皆バラバラになって逃げた。田島に残った兵士はつかまって殺され、栗生沢村に逃げ込んだ兵士は峠の奥に追われ、殺された。

栗生沢村の村民は老いも若きも動員され、あたかも大軍がいるかのように、大声を上げ、相手を驚かせ、猟師は鉄砲で威嚇《いかく》した。

奪った荷物は栗生沢村の神社の境内に、うずたかく積み上げられた。毛布、砂糖、金貨、なんでもあった。本来、この戦い方が、会津の山間では有効な作戦だった。

佐川にひきいられた砲兵隊、朱雀《すざく》三番士中隊、朱雀三番寄合組隊は田島方面で奮戦していた。九月二四日には、大芦《おおあし》村の敵本営を夜襲し、二〇余人を斬《き》り、弾薬、食糧、小銃を奪い、奮戦していた。

九月二五日、佐川は降伏の命に接したが「我らは降伏せず」となおも戦いを続けた。「薩長は官軍にあらず官賊なり」というのが拒否の理由だった。

佐川は容保の使者にも会わなかった。しかし主君が白旗をかかげて降参した以上、これ以上の戦闘は困難だった。再三の説得で佐川も涙をのんで降伏した。会津藩の抵抗はこれで終わった。

大垣《おおがき》藩の感慨

この戦争の悲惨さについて、攻め込んだ官軍の兵士にも涙ぐむ人が多かった。京都で会津藩と交遊関係にあった大垣《おおがき》藩（岐阜県）は、とくにその感慨を強くした。大垣藩軍事総裁戸田三弥は、次のように語った。

一、官軍が鶴ヶ城下に攻め入って以来、会津の臣民は老幼を問わず、命をかけて君主につくした。勝敗はときの運である。今日の場合、その進退を官軍に任せ、多くの兵士を助け、人民の苦しみを救った会津藩の処置は感嘆すべきものがある。

一、君公父子および重臣は血の涙をのんで城外の滝沢《たきざわ》村妙国寺《みょうこくじ》に謹慎したが、戦国の習いとはいいながら涙を流さない者はいなかった。

ことに大垣藩は京都にあって互いに忠勤に励み、春には提携して薩摩《さつま》（鹿児島県）、長州《ちょうしゅう》（山口県）と銃火を交え、秋には一転して会津藩と槍剣《そうけん》を戦わすことになった。時勢とはいいながら、会津藩の真情、まことに耐えがたく、大垣藩の藩士たちは戦争の悲哀はいまも昔も変わらないと涙にむせんだ。（『大垣藩奥羽征討史資料』）

分捕り疫病《えきびょう》

土佐（高知県）の参謀、板垣退助《いたがきたいすけ》はのちにこう語った。

「会津は天下の雄藩である。もし上下が心を一つにして戦えば、わが官軍にたやすく降伏することはなかったろう。ところが一般の人民は官軍に敵対するものがいないだけではなく、協力する者さえ出てくる有様であった」（『自由党史』）

これが一人歩きし、会津藩がいかにも統率力が欠けていたような印象を与えた。

しかしこれも細部を検証すれば、敵に占領されてしまった村の農民が、占領軍に協力するのは当然であり、それが農民にとって自衛の手段だった。だからどこの村の農民が誰にどのように協力したのか、よく調べないと本当のところはわからない。

これを物語る資料がある。人間は状況に応じてどちらにも変わるのだ。板垣退助の証言は、綺麗《きれい》ごとである。猪苗代湖対岸の集落に貴重な記録が残っていた。『増戸治助翁聞書』である。

これによると、この辺は会津軍の基地で、農兵隊もあった。地名によって「浜路隊」「横沢隊」「舘隊」「舟津隊」「中地隊」といった。運搬《うんぱん》の人夫だった。会津の部隊が城に戻ると、そこに官軍という名の薩長兵が入ってきた。今度は一転して官軍側である。

婦女子は一斉に遠方の山にかくれた。男たちは武器、弾薬、食糧を若松《わかまつ》に運んだ。鶴ヶ城落城後は、集落から「分捕り部隊」が若松に向かった。焼け残った屋敷に入り、土蔵をやぶり、分捕りである。地元の農民も分捕り部隊と化してしまった。馬につけてどんどん運んだ。刀剣、金銀財宝、漆器、鉄器、なんでもあった。分捕った鉄瓶を代々使っている家もあった。

明治二年（一八六九）、この辺に腸チフスが流行した。

「分捕り疫病《えきびょう》」

と地元の人はいった。バチが当たったというのである。人間は欲の塊だった。

だがその欲を戦闘に活用すると、意外な戦果が期待できるものだった。田島農兵隊がそうだった。

農民にも会津の領民としての意地がある者もいた。同じ猪苗代湖畔の金曲《かなまがり》地区の話である。集落の会合に敵兵が姿を現し、農民は酒を振る舞った。したたかに酒を飲んだこの兵士は、集落の若者がかつぐ駕籠《かご》で猪苗代の町に戻っていった。駕籠をかついだのは数人の若者だった。

牛沼川橋まで来たとき、若者たちはこの男を川に突き落とした。男は「ぎゃッ」と叫んで、川に落ちた。若者たちは後ろを見ずに一目散に逃げ帰った。ところが夜半、この男がはい出して助けを求めた。これを聞いた若者たちは、馬小屋の出口にある厩《ま》栓棒《せんぼう》（厩《うまや》の入り口をふさぐ棒）で敵兵を殴りつけ、引き回したうえ、長瀬川の砂原にうめてしまった。

会津藩の武士のなかに脱走者がいたことは、『心苦雑記』で見たが、それを知った村の若者が「なぜ逃げた」と問い詰めて撲殺したという記録もある。

ヤーヤー一揆《いっき》

落城後の混乱を伝える資料に、薩摩の軍医ウィリアム・ウィリスの手記がある。会津藩降伏直後に若松を訪れたウィリスは、若松近郊で発生したヤーヤー一揆《いっき》を目撃し、会津の農民は圧政に苦しんでいたと次のように記述した。

「夕方ごろ、あちこちから大勢の群衆のたけりたった叫喚《きょうかん》が伝わってきた。さまざまな方角に大きな火の手が見えた。一〇時までに、暴徒らは私が泊まっているところから約半マイル（八〇〇メートル）の村に接近し、一軒の財産家の屋根に放火しながら、絶えず蛮声をはりあげ、非常な興奮状態におちいっている様子だった。

いまやミカド（天皇）の領民となった百姓らは、彼らの土地について新たに正当な課税を要求し、引き続き土地税にかかわるすべての文書を、あらゆる村から抹殺しようとしていた。この動向は会津の国、全域にわたって広まっている。若松からもっとも遠隔な地方でも、農民が真っ昼間に蜂起《ほうき》して、村長の家から物を略奪したのだが、いかなる場合でも土地の記録文を焼き捨てた。

戦争で破壊される前の若松とその近郊には、三万の戸数があり、そのうち二万戸に武士が住んでいて、あらゆるものが、この特権階級の生活を維持するために充当されたり、税金をかけられたりしたとのことだ。残念ながら会津藩政の過酷さとその腐敗ぶりはどこでも一様に聞かれた」

じつに手厳しい表現だった。またウィリスは、容保親子の出発の様子も目撃していた。

「会津藩の先の主君の出発を見送るのに、護衛人を除くと、一〇人余りの人も集まらなかった。あらゆる方面で冷たい無関心が示された。傍の野良で働いている農民さえ、かつて名声の高かった会津公の出発を目の当たりにして、面を上げはしなかった。

私は、武士階級を除けば、藩主に対しても、また同行の家老に対しても、あわれんだり同情したりする表情を見出すことはできなかった。彼らは残酷で無用な戦争を引き起こした。彼らが敗北の際切腹しなかった限り、彼らは尊敬に値するすべての資格を失ってしまった、というのが一般の見方であった」（『英国公使館員の維新戦争見聞記』）

会津藩政の腐敗

ウィリスの証言も注目すべきである。藩公の出立を冷ややかなまなざしで見つめる農民。なぜこのようなことになったのか。

原因は複雑で、一概にはいえないが、ウィリスは会津藩政の過酷さと腐敗ぶりにあったと指摘した。税金が極端に高く、米はほとんど年貢として納めなければならず、その結果、農民はみすぼらしく、小柄で、貧弱だったと書いた。またいくたびかの戦争に敗れた会津兵は、手に負えない無頼漢の集団になり、略奪、放火を繰り返したという記述もあった。

この証言を資料にして会津戊辰戦争を書いた歴史家の石井孝《いしいたかし》は『戊辰戦争論』（吉川弘文館）で、会津藩の農民対策は旧態依然《きゅうたいいぜん》たるものがあり、相次ぐ税金の値上げで怨嗟《えんさ》の対象になっていたと指摘した。辛口の会津戊辰戦争論である。すべてを肯定するわけではないが、そうした部分があったことも否定できない。

たとえば猪苗代地区は気候が不順で、凶作の年も多く、そうした自然現象に関して税制の面で配慮に欠ける部分があった。だが、会津藩が窮地におちいった背景には、ほかにいくつかの理由があった。

財政難の背景

容保が藩主となった嘉永《かえい》五年（一八五二）から数度の大火と凶作が相次ぎ、領民は苦渋の生活を強いられた。とくに嘉永六年（一八五三）には大旱魃《かんばつ》に見舞われた。安政《あんせい》元年（一八五四）の江戸の大地震では、江戸屋敷が倒壊し、藩財政の悪化に拍車をかけた。

元治《げんじ》元年（一八六四）の時点で、会津藩の年間総収入は約二一万六〇〇〇両だった。これに対して京都で一三万八〇〇〇両、会津、江戸あわせて一四万五〇〇〇両が必要だった。不足は六万七〇〇〇両にのぼり、その資金の調達は江戸、大坂の商人からの借金で賄い、見るに見兼ねた新選組《しんせんぐみ》の近藤勇《こんどういさみ》が資金を調達したことさえあった。

京都での物入りが多く、その結果、藩財政は破綻《はたん》し、それが農民の負担に跳ね返り、農民から怨嗟の目で見られる原因となっていた。ウィリスの報告では藩士だけ特権階級の暮らしをしていたとあるが、これは誤りで、減給に次ぐ減給で、会津の留守宅からは「もはや生活が成り立たない」と帰国の陳情もなされていた。

藩の重臣たちは再三、京都守護職《きょうとしゅごしょく》の辞任を決め、主君容保も、これを福井藩主の松平春嶽《しゅんがく》や将軍徳川慶喜《とくがわよしのぶ》に伝えた。しかしその都度、辞意はつき返された。容保は二人の前に出ると金しばりにあい、辞任の姿勢を貫けなかった。武士も農民も幕府のために耐え忍ぶ、それが藩主松平容保の考えだった。いうなれば諸悪の根源は、京都守護職にあった。

不思議なことだが、会津藩には籠城戦の準備がまったくなかった。城に米の備蓄を進言した者が左遷される始末だった。

「ここに敵が攻め込むはずはない」

という楽観的な理由からだった。会津藩の才人小川渉《おがわわたる》は『志ぐれ草紙』のなかで、家老がそろいもそろって能無しだったと指摘した。世襲制だったので、新陳代謝《しんちんたいしゃ》はなく、すべてが旧態依然としていた。

第四章　京都守護職《きょうとしゅごしょく》

王城の護衛者

会津《あいづ》藩（福島県）が戦争という事態におちいった原因は、一にも二にも京都守護職《きょうとしゅごしょく》を受諾し、不慣れな京都に赴任したためだった。あえて火中《かちゅう》の栗《くり》を拾おうとした会津藩の勇気と決断にも敬意を表さなければならないが、世の中、それが正しく評価されるとは限らない。幕末の会津藩は、じつに損な役割をになわされた。

京都守護職とはなにか。徳川慶喜《とくがわよしのぶ》は次のようにのべている。

「浪人だの藩士だのが大勢、京都に集まって、なかでも長州《ちょうしゅう》（山口県）だとか、薩摩《さつま》（鹿児島県）だとか、所司代《しょしだい》の力でおさえることができかねる。そこで守護職というのができたんだ。兵力のあるものをあそこへ置こうということで会津になった」（『昔《せき》夢会筆記《むかいひっき》』平凡社）

慶喜はあっけらかんと語っている。天皇を尊び外国を追い出せ、と主張する過激な尊王攘夷《そんのうじようい》運動を武力でおさえよというのが、会津藩に対する幕府の命令だった。

このとき、幕府は未曾有《みぞう》の危機に直面していた。尊王攘夷を叫ぶ過激派の集団に押しまくられ、国論は四分五裂《しぶんごれつ》である。幕府は天皇家と幕府を婚姻《こんいん》によって結びつける公武合体こそが、混乱を防ぐ決め手と、皇女和宮《かずのみや》の将軍徳川家茂《いえもち》への降嫁《こうか》に踏み切った。

しかし朝廷と幕府は思うように融和がすすまない。孝明天皇《こうめいてんのう》は公武合体を望んだが、周囲の公家がいうことを聞かない。薩摩、長州、土佐《とさ》（高知県）などの浪士たちと手を組んで、激しく幕府をゆさぶり、状況は悪化するばかりである。

京都では長州の桂小五郎《かつらこごろう》が、著名な尊王攘夷の闘士として知れわたっていた。権力に楯突《たてつ》く若者には、いつの時代もそれなりの支援者が現れる。芸妓《げいぎ》の幾松《いくまつ》は身を挺《てい》して小五郎を守った。

このむずかしい局面の打開に当たるべきは本来、幕府自身であった。さもなくば、尾張《おわり》（愛知県）、紀州《きしゆう》（和歌山県）、水戸《みと》（茨城県）の御三家がふさわしかった。しかし、いずこも家臣が軟弱で、切った張ったの仕事は不向きだと逃げた。

水戸藩のように尊王攘夷派が藩内を牛耳っているところもあった。

異人嫌いの水戸藩

幕府の矛盾は水戸藩をみれば一目瞭然《いちもくりょうぜん》であった。慶喜の生家である水戸藩は徹底的に幕府に楯突いた。山川菊栄《やまかわきくえ》著『覚書幕末の水戸藩』（岩波書店）という本がある。水戸藩士であった祖父青山延寿《あおやまえんじゅ》の遺稿集である。内容がバラエティーに富んでいてじつにおもしろい。

文政《ぶんせい》七年（一八二四）の七月、イギリスの捕鯨船が常陸《ひたち》大津《おおつ》浜に近づき、水夫が薪《しん》水《すい》を求めて上陸した。これを聞いた藤田《ふじた》幽谷《ゆうこく》は、息子の東湖《とうこ》に、死を決して彼らを斬《き》りに行けと命じた。しかし何分、酒好きの親子である。この世の別れと飲んでいるうちに水夫たちは藩から薪水を与えられ、本船に帰ってしまった。

「なんと、無念」

切歯《せっし》扼腕《やくわん》、ふたりはまた飲んだ。

松平容保

水戸藩は超異人嫌いであった。半端ではない。万延《まんえん》元年（一八六〇）には開国を決めた大老井伊《いい》直弼《なおすけ》を桜田門《さくらだもん》で暗殺し、翌年には品川東禅寺《とうぜんじ》におかれたイギリス公使館に斬り込みを掛け、さらにその翌年には老中安藤信正《あんどうのぶまさ》を襲った。このときは警備の兵に散々斬り倒され、逃走した。

水戸が極端な攘夷に走った原因は学問にあった。儒学である。それも朱子学偏重、古典の暗記や道徳の型を覚えることに熱中し、万事、古めかしかった。西洋の学問や地理、歴史、数学などは軽視された。

若者は偏った学問を嫌い、武芸に集中した。

「頭のからっぽで、おそまつないばり屋があふれ、おまけにそれが刀を二本差しているだけに始末が悪く、酒のうえの喧嘩《けんか》もあとを絶たず、犬の試し斬りなどが横行、荒々しく粗雑だった」

と山川菊栄は書いた。国元はどうにもならない若者であふれていた。

一方、江戸の水戸藩士は、江戸生まれの江戸育ち、お洒落で気どっていて、役者のような侍ばかりだった。言葉も江戸弁、こちらは剣術もろくにできない軟弱者である。慶喜の出身母体だというのに、水戸藩の若者は変革の時代には役に立たず、慶喜の足を大いに引っ張った。

京都守護職として適任の藩はどこか。政事総裁職、越前《えちぜん》福井藩主の松平春嶽《まつだいらしゅんがく》が狙《ねら》いをつけたのが会津藩だった。

会津は一枚岩の軍団だった。主君にはむろん、上司には絶対服従の集団である。どこを切っても金太郎飴《あめ》のように、全員そろって忠義の士だった。

「昨今、京都のほうからしきりに風説が聞こえ、不穏の様子である。京都手薄にては、公武合体もいたし兼ねる。会津は御三家ではないが、京都に出かけてほしい」

春嶽は膝詰《ひざづ》め談判で藩主松平容保《かたもり》を説き伏せた。容保は断ることができないタイプである。いつの間にか押し切られ、

「お受け仕《つかまつ》る」

と承諾した。

容保は高須《たかす》（岐阜県）からの養子であった。天保《てんぽう》六年（一八三五）、江戸四谷の高須藩邸松平家の上屋敷で生まれた。父松平義建《よしたつ》は美濃《みの》国、高須城主である。尾張徳川家の分家で、石高は三万石。徳川一門ではあるが、小大名だった。

会津藩には男子がなく、娘婿として容保をむかえた。会津藩ともなれば、もっと大藩から養子をむかえることもできたが、八代藩主容敬《かたたか》ももとは高須藩からの養子であり、すんなりと決まった。

あとで考えれば、いささか安易だった。会津藩の後ろ盾としては、力不足はまぬがれなかった。国家老の西郷頼母《さいごうたのも》は、これが不満だった。自分は藩祖保科正之《ほしなまさゆき》につながる家柄である。それがつい表に出てしまうのだった。

会津藩には、幕府危急《ききゅう》の折は全力をつくして救援せよという決まりがあった。家訓《かきん》十五カ条である。くわえて会津の侍は少年時代から藩校日新館《にっしんかん》で、主君には絶対服従の厳しい教育を受けて育った。

薩摩藩や長州藩は、激しい藩内抗争があったが、会津藩にはなかった。普通、どこ

でも派閥争いとか、意見の対立、世代間の抗争があるのだが、会津には見当たらなかった。それが健全なことかどうかは疑問だが、幕府から見れば理想的な武士集団に見えた。とくに刀槍《とうそう》の術は日本一といわれ、全国から視察する者が訪れた。

白虎隊士《びゃっこたいし》から東京帝大総長になった山川健次郎《けんじろう》の回想によると、日新館の学習はもっぱら漢文と習字と剣術に礼儀作法だった。低学年は地理も歴史も算術もなかった。山川は論評はさけたが、理系の軽視を悔やんでいたようで、アメリカのエール大学では物理学を専攻した。

国元は大反対

会津藩に京都守護職の大任がくだったのは、文久《ぶんきゅう》二年（一八六二）の閏《うるう》八月である。京都と聞いただけで、国元は「とんでもない」と全員が拒否反応を示した。京都の騒乱は若松《わかまつ》にも伝わっており、

「わざわざ会津から京都にのぼり火中の栗を拾う必要はない」

というのが地元の声だった。

一人ぐらいは賛成した者がいなかったのか。

「おりません」

会津若松市にある飯盛山《いいもりやま》の白虎隊記念館館長早川廣中《はやかわひろなか》氏は、自信をもっていい切っ

た。

　このとき、国元から家老の西郷頼母、田中《たなか》土佐が、全体を代表して駆けつけた。けっして個人的な反対ではない。幕府の形勢は非である。労多くしてその功はないと「言辞《げんじ》剴切《がいせつ》、至誠《しせい》面にあふれて諫《いさ》めた」と、会津藩の記録『京都守護職始末』にある。だが容保は、春嶽と慶喜にいいくるめられており、いまさら引くわけにはいかない。もはや受けるしかないと、国家老の忠告をはねつけた。

　会津藩では主君は絶対の存在である。西郷頼母は不機嫌な表情で国元に帰ったが、田中土佐は残って上洛《じょうらく》の準備に当たった。間もなく秋月悌次郎《あきづきていじろう》と広沢富次郎《ひろさわとみじろう》が上洛した。二人は幕府の昌平坂《しょうへいざか》学問所で学んだ知識人である。続いて二〇人近い公用人《こうようにん》が江戸を出立した。

「上方《かみがた》の人は会津を知る者が少なく、表札を見て、カイツとは、どこの国だ、と問う者もいる。公卿《くぎょう》たちもまったく知識がなく、会津は奥州《おうしゅう》の野蛮な国で、殺伐を好むなどと語る」

「京都は有志と称する脱藩の者が多い。初対面の際、みずから脱藩と称し、何年前に幽閉されたなどといい、昂然《こうぜん》と尊王の説を唱えている。その理由を尋ねると、幕府政治がよくないので、政治を天皇のもとに戻すと叫んでいる」

　といった便りが先遣隊から寄せられた。事態は想像以上に深刻だった。

会津藩主松平容保が藩兵一〇〇〇をひきいて京都に入ったのは、文久二年一二月二四日である。底冷えのする寒い朝で、沿道には多数の民衆の姿があった。

容保は関白近衛忠熙《このえただてる》邸に伺候《しこう》し、上洛の挨拶《あいさつ》をした。会津藩は本陣を左京区黒谷《くろだに》町にある浄土宗の本山、金戒光明寺《こんかいこうみょうじ》においた。黒谷は浄土宗の四箇本山の一つである。五万坪の境内に西翁院《さいおういん》はじめ四〇余の塔頭《たっちゅう》があり、正面には欅《けやき》に鉄の鋲《びょう》を打った大門があった。周囲は城塞のような小高い丘になっており、京都守護職にふさわしい門構えだった。会津藩の人々は、この日から慶応《けいおう》四年（一八六八）正月まで、五年間にわたって京都を守護することになる。

「我々こそ勤王の士なり」

会津の侍にはそういう自負心があった。しかし赴任してみると、京都に吹き荒れる尊王攘夷の嵐は想像を絶する激しさだった。

「およそこの連中は、鎖港《さこう》といえば正義と考え、勤王家を重んじ、開港を説く者は俗論と決めつけ、佐幕といえば卑しいものとした」

『京都守護職始末』に、このような記述がある。

日本には軍艦も大砲もない。鎖国政策のために、日本は世界列強に大きく水をあけられている。開国しか日本の生きるべき道はない。幕府はそう判断した。

松平容保もそのように考えた。しかし京都に来てみると、まったく様相は異なって

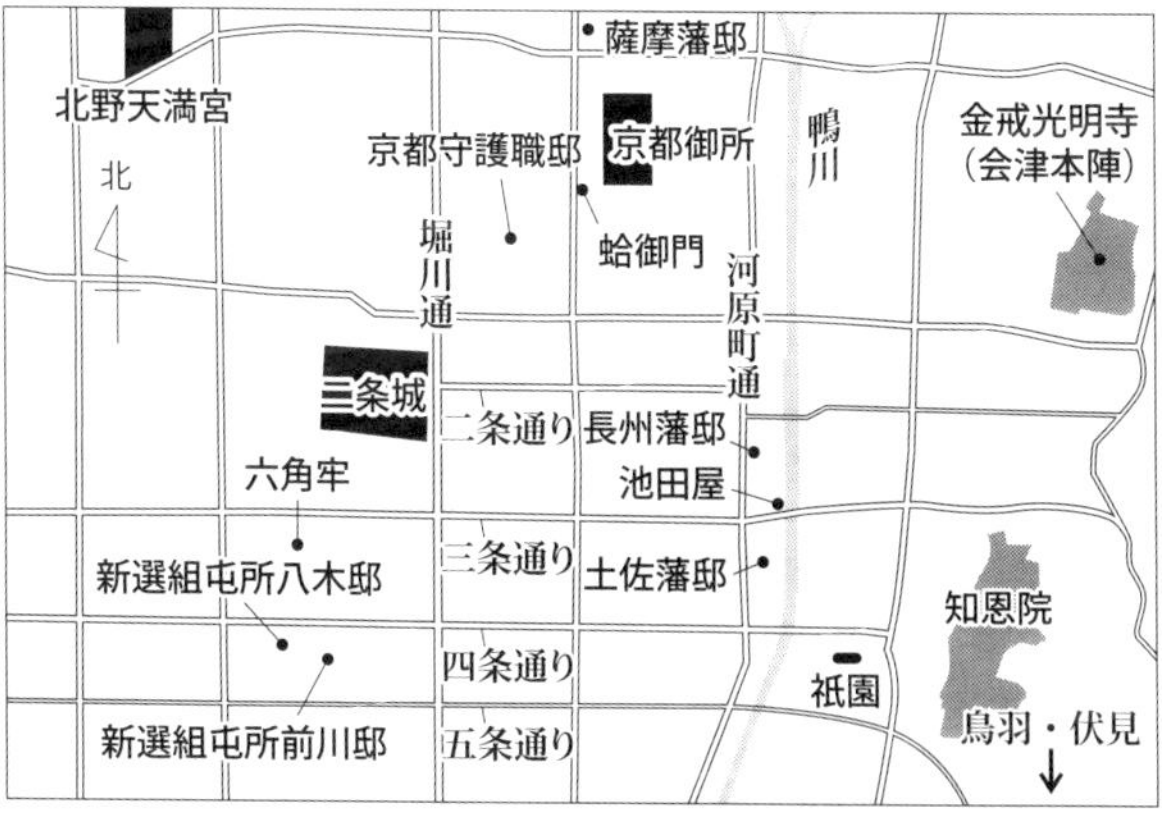

幕末の京都の略図

いた。諸国の浪人や過激派の公家が開国反対を叫び、幕府を腰抜けと非難した。では鎖国のまま世界の孤児になれというのか。最初、浪士と話し合いを重ねた容保だったが、まったくかみ合わない議論に辟易《へきえき》し、次第に対決姿勢を固めていった。

会津藩への当てつけであろう。京都では日々、暗殺が横行した。狙われたのは幕府派である。慶喜に近い前関白九条尚忠《くじょうひさただ》の執事、島田左近《しまださこん》が殺され、島田の同僚宇《う》野《の》重《しげ》固《かた》も殺された。土佐の岡田以蔵《おかだいぞう》、薩摩の田《た》中新兵衛《なかしんべえ》、肥後《ひご》熊本の河上彦斎《かわかみげんさい》ら人斬りがいて、幕府派を狙った。容保は会津藩巡察隊の警戒を強化した。

力で対抗するしかなかった。文久三年（一八六三）正月二日、容保ははじめて参《さん》内《だい》した。

天皇を軟禁

容保は小御所に案内された。上段に御簾《みす》（御所などにかけられているすだれ）がさがっている。

「肥後どの、帝《みかど》にあらせられるぞ」

取次の伝奏《でんそう》の言葉に容保は緊張した。容保は肥後守である。

「左近衛権《さこんえごんの》中将《ちゅうじょう》、源《みなもと》容保にございます」

と挨拶した。孝明天皇は若い容保に好意を抱いた。孝明天皇三三歳、容保二九歳である。二人には相通じるなにかがあった。

「朕《ちん》より衣をつかわす」

御簾より天皇の声がした。伝奏が緋《ひ》の御衣《ぎょい》を持参し、

「戦袍《せんぽう》（戦に用いる衣）か直垂《ひたたれ》につくりなおすがよい。これは異例のことでござる」

といった。容保は驚きのあまり、固唾《かたず》をのんで御簾を凝視した。

孝明天皇は攘夷論者であった。それは神国日本が列強に侵されては、神や先祖に申しわけないという責任感からだった。日本は神国である。もし外国が攻め寄せたときには、必ず神風が吹いて列強の船を沈めてくれるに違いない。そう信じていた。そのために毎夜、神殿や賢所《かしこどころ》で拝礼し、国家の安全を祈願していた。

だからといって幕府を否定はしなかった。朝廷と幕府が一体となり、国難に立ち向かうべきと考えていた。孝明天皇、即、幕府否定論者というのは当たらない。けっして天皇は過激派ではなかった。皇女和宮の降嫁もそうした背景によって実現した。

ただし慶喜と孝明天皇のあいだには深い溝《みぞ》があった。慶喜は孝明天皇を揶揄《やゆ》するコメントを次のようにのべている。

「先帝の真の叡慮《えいりょ》というのは、まことにおそれいったことだけども、外国の事情は一向にご承知ない。昔からあれは禽獣《きんじゅう》だとかが、ただお耳に入っているから、どうもそういう者の入ってくるのはいやだとおっしゃる。せんじ詰めた話が、犬猫と一緒にいるのがいやだとおっしゃるのだ」(『昔夢会筆記』)

品のない乱暴ないい方である。じつはこのとき、天皇は軟禁状態にあり、自分の意思を表明できずにいたのである。

容保はできれば毎日でも天皇に会い、考えを聞きたいと思った。しかし過激派の公家のガードが固く、それ以後、なかなか天皇に拝謁《はいえつ》できなかった。天皇は自分の意思で人に会うことすらできない状態になっていた。

天皇といえば、御所では最高権力者と思われがちだが、事実は違っていた。籠《かご》の鳥であり、容保にとって、これは大きな誤算だった。

新選組《しんせんぐみ》登場

京都の騒乱に割って入るのが新選組《しんせんぐみ》である。暗殺の横行に手を焼いた幕府は、浪士組を京都に送り込んだ。目には目を、歯には歯をである。

一行は庄内藩《しょうないはん》（山形県）の浪士清河八郎《きよかわはちろう》の献策により、将軍家茂の上洛警護のために集められた。尽忠報国《じんちゅうほうこく》の志をもった江戸の剣士たちであった。

浪士組が東海道を歩いて京都郊外の壬生《みぶ》に到着したのは文久三年二月二三日である。水戸の郷士芹沢鴨《せりざわかも》のグループ、近藤勇《こんどういさみ》、土方歳三《ひじかたとしぞう》、山南敬助《やまなみけいすけ》、沖田《おきた》総司《そうじ》、永倉新八《ながくらしんぱち》、原田《はらだ》左之助《さのすけ》、藤堂平助《とうどうへいすけ》らのグループなど、全体で二三〇人ほどの集団だった。支度金一〇両、手当一人一〇両二人扶持《ぶち》というから悪くはない。

京都に入ったその夜、近藤らは意外なことを聞いた。清河が立ち上がり、「われわれは将軍の護衛ではない、勤王倒幕の先兵たらんとして上洛した」とまくしたてた。

「なに、倒幕だと、冗談じゃねえ」

近藤と芹沢が反発した。

清河の反乱を知った幕府は激怒した。清河は江戸に戻され、のちに京都見廻組《きょうとみまわりぐみ》の組頭佐々木《ささき》只三郎《ただきぶろう》に斬殺される。策士、策におぼれるである。

近藤と芹沢は京都に残った。こうして結成されたのが新選組である。新選組は会津藩のお抱え部隊となった。幹部は局長芹沢鴨、近藤勇、副長新見錦《にいみにしき》、山南敬助、土方歳三、副長助勤沖田総司、永倉新八、藤堂平助、原田左之助、斎藤一《さいとうはじめ》、平山五郎《ひらやまごろう》、野《の》口健司《ぐちけんじ》、井上源三郎《いのうえげんざぶろう》、勘定方平間重助《ひらまじゅうすけ》といった顔触れだった。幹部は変遷《へんせん》があり、永倉新八の『同士連名記』では、芹沢を「巨魁《きょかい》隊長」、近藤と新見を「隊長」と記録している。

しかし局長が二人いることでもわかるように、隊内は芹沢鴨の一派と近藤勇の一派にわかれており、なにかといっては対立した。芹沢は水戸の郷士だが、近藤一派は日《ひ》野《の》の武闘集団であった。農民の出である。この時代の新興勢力だった。甲州《こうしゅう》街道の宿駅である日野宿に、なぜこうした集団が生まれたのか。

そのきっかけは火災であった。嘉永《かえい》二年（一八四九）一月一八日、日野宿の中央部から火が出た。ここに品行が悪く宿場を追われていた男が帰宅し、火を見ると狂ったように火事場で暴れ出し、消火に当たっていた名主の佐藤彦五郎《さとうひこごろう》を斬りつけた。佐藤は難を逃れたが、祖母が斬殺された。

近藤 勇

この事件で佐藤は、武術をきたえる必要性を痛感した。みずから天然理心流《てんねんりしんりゅう》の近藤周助《しゅうすけ》に入門、剣術の修行をはじめ、入門者も募った。道場にはのちの近藤勇も来ていた。勇は近藤周助の養子に入り、近藤を名乗る。土方歳三も入門した。こうして日野に武闘集団が生まれた。

一方、芹沢は神道無念流《しんとうむねんりゅう》の使い手だった。手がつけられない暴れ者である。京都ではなにかと金がかかる。将軍警護のためと称して、しばしば豪商から金を奪った。

大坂では力士と喧嘩になり、すれ違いざまに斬り捨てた。金策に押し入った生糸問屋では、番頭が金を出し渋ると土蔵に火を放った。傍若無人《ぼうじゃくぶじん》の振る舞いで、壬生狼《みぶろ》と恐れられた。芹沢が外に出るとよく事件が起き、会津藩に苦情が殺到した。

その会津藩にも弱みがあった。財政難で充分な活動費を与えることができない。金策は依然、彼らの手にゆだねられた。

攘夷実行

新選組もさることながら、会津藩がもっとも困ったのは過激派公家の攘夷運動である。孝明天皇は過激派の公家に閉じ込められて身動きがとれない。

文久三年四月一一日には三条実美《さんじょうさねとみ》、姉小路公知《あねのこうじきんとも》が先頭に立って、攘夷実行を祈願する石清水八幡宮《いわしみずはちまんぐう》への行幸がおこなわれた。社前で天皇が将軍家茂に攘夷の節刀《せっとう》をおくるという噂《うわさ》が流れた。

これに出たら攘夷実行をせまられる。将軍家茂は発熱したといって逃れ、慶喜は眼病だと途中から帰り、そのまま江戸に戻ってしまった。慶喜は都合が悪くなると逃げ出す。よくいえば臨機応変《りんきおうへん》、悪くいえば無節操である。

幕府は諸外国と開国の条約を結んでいる。攘夷などできるはずがない。本来、武力を使ってでもこうした雑音は排除しなければならない。そういう立場だったはずである。

ところが慶喜にはそれをいう勇気がない。公家たちに囲まれ、心にもない攘夷を約束していた。切羽詰まれば逃げるだけである。慶喜からすれば、攘夷をのむかわりに政務委任の名目をとりつけたといいたいところだが、公家集団は「とんでもない、攘夷だけの委任である」と見解は違った。

うやむやのなかで、攘夷実行の日が五月一〇日と決まってしまった。

久坂玄瑞《くさかげんずい》ら五〇人の長州藩過激派は、得たりと下関《しものせき》を通過するアメリカ商船ペムブローグを砲撃した。大胆不敵な行動だった。アメリカの抗議に「幕府の命令によって攻撃した」と久坂は反論した。江戸の幕閣《ばっかく》は仰天した。すべての責任は幕府にあるという。いわれてみれば、そのとおりであった。慶喜や容保に任せておいては、幕府が崩壊する。江戸の幕閣は怒り狂った。

この時期、幕府は二重構造になっていた。江戸と京都に勢力がわかれており、中心は慶喜のいる京都のほうだった。情報伝達が不充分なため、しばしば相互に行き違いがあった。

生真面目な容保は孝明天皇に絶対的な忠誠をつくし、なにごとも話し合いで解決することが、この国の混乱を防ぐ最大の政治と考えた。これが裏目に出た。容保のやさしさに乗じて、公家集団と長州の過激派は暴走した。

いかにして過激派の勢力を押さえ込み、尊王攘夷運動を沈静化させるか。江戸の幕閣は、実力で京都の過激派を押さえ込むしかないと考えた。

幕閣は孝明天皇そのものにも疑義を抱いた。世界の流れに背を向ける保守の権化であるにもかかわらず、京都の慶喜や容保は、天皇にとり入り、攘夷に理解を示している。まことにけしからんというわけである。

容保や会津藩の公用人は、「江戸の連中は、京都の仕組みをなにもわかっていない」と反発した。孝明天皇をとり込まなければ、京都ではなにもできない。孝明天皇の信頼を勝ち得ることこそが、すべての第一歩なのだ。

双方のあいだに亀裂が深まるなか、江戸の幕閣は、武力で京都を制圧する決意を固めた。実行責任者は若年寄の小笠原長行《おがさわらながみち》である。小笠原はイギリスから汽船をチャーターして、一六〇〇人の幕府兵を大坂に向かわせた。これに在京の幕府軍、会津藩兵をくわえると、四千数百人の軍団になる。京都の制圧は可能だった。しかし、このクーデターは実現しなかった。

公家たちから軍団の入京を阻止するよう求められた容保が、小笠原の軍団の入京を差し止めて江戸へ帰したのである。あとから考えれば、じつにもったいなかった。容保がもっと策略に富んだ政治家だったならば、軍団を京都にとどめておく方法もあったはずだ。だが容保にはそのような戦略はなく、幕府増強の機会を失った。

会津藩は孝明天皇の要請を受けて二度にわたり馬揃《うまぞろ》え、軍事訓練をして天覧に供した。甲冑《かっちゅう》に身を固めた八〇〇の将兵が、戦国絵巻を思わせる軍事訓練をおこない、公武合体派の公家たちを安堵《あんど》させた。孝明天皇も大いに意を強くした。

その直後、薩摩藩から軍事同盟締結の申し入れがあった。

八月一八日の政変

八月一三日の朝、京都鴨川《かもがわ》のほとり三本木《さんぼんぎ》にある会津藩公用局、秋月悌次郎の宿に薩摩の高崎佐太郎がやってきた。

「なにごとでござるか」

秋月は高崎を見つめた。高崎の口から出たのは意外な提案だった。会津と薩摩が手を握り、長州の過激派を京都から追放しないかというのである。

「これは私見にあらず」

と高崎がいった。この話、幕府寄りの中川宮朝彦親王《なかがわのみやあさひこ》が大いに乗り気になり、孝明天皇に長州過激派追放の決断をせまった。当初ためらっていた孝明天皇も、ついに決断した。御所からの長州追放である。

これを知った長州藩兵が続々、御所の周辺に集まってきた。突然のクーデターに怒り心頭、いまにも攻め込まん勢いである。その数は優に一〇〇〇人は超える。

御所のなかは戦々恐々《せんせんきょうきょう》である。

「長州には三万の兵がある」

と長州寄りの関白鷹司輔煕《たかつかさすけひろ》がいうと、皆、真っ青になった。

「会津の兵はいかばかりか」

「精兵一八〇〇である」

と答えた。数が違いすぎる。しかし孝明天皇は微動だにしない。

やがて長州は御所を去った。三条実美ら七人の過激派の公家は都落ちとなり、長州にくだった。これを八月一八日の政変という。

孝明天皇は政変以後の勅書《ちょくしょ》が「真実の朕の存意」とのべ、それ以前は「違う」と否定した。天皇が初めて自分の意思を表明したのである。

さらに松平容保に宸翰《しんかん》を与え、長州勢の追放に賛辞を呈した。

堂上以下、暴論を疎《つら》ね不正の処置増長《ぞうちょう》につき、痛心に堪え難く、内命を下せしところ、すみやかに領掌し、憂患掃攘《ゆうかんそうじょう》、朕の存念貫徹の段、まったくその方の忠誠にて、深く感悦のあまり、右一箱これを遣わすもの也

文久三年一〇月九日

そこには御製の歌もそえられていた。松平容保は歓喜の涙を流した。人生最大の喜びの日であった。

この政変で孝明天皇は初めて過激派の呪縛《じゅばく》から逃れた。今日に残る肖像を見ると、孝明天皇は線の細い人であった。

尊王攘夷派の公家が皇室を牛耳っていた時期、天皇は棚上げにされ、飾りに近い存在だった。孝明天皇は各方面に一一五通もの宸翰を出していた。そこには自身の悩み、弱み、愚痴、さまざまなことが書かれてあった。天皇は必ずしも攘夷に固まっていたわけではなかった。外国船への砲撃などとんでもないという考えだった。天皇の意思と御所の実態はかけ離れていたのである。

孝明天皇

孝明天皇は自分の知らないところで、勝手に名前を使われたと、中川宮朝彦親王に自筆で「薩摩の協力で、過激な尊王攘夷派の公家を追放したい」と手紙を出していた。

「なにがなんでも攘夷」という慶喜の見方は誤りだった。会津藩は孝明天皇が存在する限り、王城の守護者であり、正義の集団だった。

会津藩は二つの役目を担っていた。一つは幕府の名代である。京都駐在大使といった役職である。警察権ももっており、いわば警視総監も兼ねていた。もう一つは朝廷の命令も受けることである。これは複雑で、困難な仕事だった。頼りは孝明天皇だった。孝明天皇の信任がなければ、務めることは無理だった。

将軍後見職の一橋《ひとつばし》（徳川）慶喜も、もう一つ役職をもっていた。禁裏《きんり》守衛《しゅえい》総督《そうとく》摂海防禦指揮である。これは朝廷から任命されていた。

慶喜にとっても容保にとっても、孝明天皇の存在は絶対だった。公武合体も、いっそう進展するはずだと二人は喜んだ。容保の実弟、桑名《くわな》藩（三重県）の藩主松平定敬《さだあき》が京都所司代に就任するや、京都には一会桑《いちかいそう》政権が誕生したと後年、評された。一は一橋慶喜、会は松平容保、桑は松平定敬である。

一方、朝敵となった長州の浪士たちは地下に潜み、血眼《ちまなこ》になって復権をめざし、過激な活動を続行していた。会津藩と新選組は、徹底的に長州の過激派を追った。

池田屋事件

新選組は聞き込みから、不審な男たちが出入りする小道具屋を見つけた。京の四条小橋の小道具屋である。諸国を脱藩した浪士が出入りしている。監察の山崎蒸《やまざきすすむ》が薬の行商人にばけてもぐり込んだ。主人の桝屋《ますや》喜《き》右衛門《えもん》の動きがあやしい。どうも小道具屋ではなさそうだ。武具を集めている。

「泥《どろ》を吐《は》かせてやるか」

沖田総司、永倉新八、原田左之助が小道具屋に踏み込んで喜右衛門をひっ捕らえた。男の本名は古高俊太郎《ふるたかしゅんたろう》。土方が尋問に当たった。古高は名前を認めたが、あとは口をつぐんで一言もいわない。土方は古高をしばって逆さに吊り、足の甲から裏へ五寸釘を打ち込んだ。

「ぎゃッ」

と古高は悲鳴をあげた。そこへ蠟燭《ろうそく》をたて蠟を肌に流した。古高はたまらず、すべてを吐いた。

それは驚くべき内容だった。烈風の日を選んで御所の風上に火を放ち、京都の町を焼いてしまおうというのだ。そして驚いて参内する容保を待ち伏せして殺害し、御所に乱入し、孝明天皇を拉致《らち》して一時期、長州に遷都《せんと》せんとする大陰謀であった。

土方歳三

さすがの土方も顔色を変えた。この男たちにとって、尊王はたんなるかくれ蓑《みの》にすぎなかった。
新選組は長州の浪士たちを徹底的にマークした。浪士たちが三条小橋の旅館、池田屋に集まったところを見計らって、新選組の面々が阿修羅《あしゅら》のごとく斬り込んだ。近藤、沖田らは尊王攘夷の過激派を次々と斬殺した。天皇も幕府も長州の暴挙に愕然《がくぜん》とし、新選組に報奨金をおくって労をたたえた。この事件で長州藩の過激派に火がついた。

禁門の変

長州藩の過激派はついに御所に攻め込んだ。捨て身の長州勢は唐門の近くに狙撃兵をひそませて、御所に砲撃をくわえた。戦闘は元治《げんじ》元年（一八六四）七月一九日、未明からはじまった。長州藩の家老福原越後《ふくはらえちご》が伏見で狼煙《のろし》を上げ、彦根《ひこね》（滋賀県）の兵士と激突、国司信濃《こくししなの》が兵七〇〇をひきいて、蛤御門《はまぐりごもん》にせまった。禁門の変である。

これは有史以来の大事件である。一時は長州勢に押され、御所のなかは大混乱におちいった。公家たちは恐怖に顔を引きつらせ、

「長州と和睦《わぼく》して入京を許せッ」

と慶喜や容保にせまった。

「宮中奥御殿に発砲する凶賊に、なんぞ和睦のことあらんや、ただ討攘《とうじょう》すべきのみ」

めずらしく慶喜が激しい言葉を使えば、公家もだまってはいない。

「ならば出張して速やかに討滅せられずんば、禁裏守衛総督の職掌《しょくしょう》を、はずかしむるものではないか」

とかみつく。総督たるもの、金の采配《さいはい》をもって立っているだけでは役に立たぬとい

蛤御門

うのも、一理はある。もうどこも怒鳴り合いである。慶喜は追い立てられるように各門を見て回り、守衛の兵士を激励した。慶喜が戦場で指揮をとったのは、あとにも先にもこの一回だった。

のちに慶喜は「余はみだりに討つのは不可なりと、固くこれを制止した」と語り、まったく不本意な戦争だったといいわけした。二枚舌の類《たぐ》いであろう。

会津藩の大砲隊が、敵軍が占拠する鷹司邸に砲撃をくわえ、長州勢は御所の周辺から撤退し、ようやく勝利が確認された。長州勢の指揮官益田右衛門介《ますだうえもんのすけ》も真木和泉《まきいずみ》も逃走した。

外はひどい火災になっていた。火災は公家の屋敷から町家におよび、中立売門《なかたちうりもん》方面にも広がり、河原《かわら》町の長州藩邸も火に包まれた。

京都の空は真っ赤になった。それは世紀末の光景だった。誰も火災は止められなかった。炎が天をおおい、激しい北風にあおられて鴨川と堀川《ほりかわ》のあいだ、南七条にいたる膨大な地域に火災は広がった。人々は火炎を逃れて町を離れ、街道はどこも逃げ落ちる人でごったがえした。

このとき、長州勢が御所に侵入したとの流言が飛び、またもあわてふためく場面があった。

夕方、気がつくと三〇〇人ほどの見知らぬ者どもが、天皇の御座所である御常御殿《おつねごでん》の庭にたむろしていた。驚いて慶喜と会津兵が向かい、曲者どもに退去を命じた。どこから入ってきたのか調べてみると、庭御門の錠がやぶられていて、門を開けた形跡があった。危ないところだった。

薩摩藩の西郷隆盛《さいごうたかもり》は、このとき前関白近衛公にしたがって御所を守り、長州の来島《きじま》又兵衛《またべえ》を討ちとり、勝因の一つをつくった。西郷はこれで一段と風格を増した。

火災は翌日いっぱい燃え続けた。記録によると焼失家屋は、二万七五一三軒、町数八一一町、土蔵一二〇七棟、橋梁《きょうりょう》四一、宮門跡《みやもんぜき》三、芝居小屋二、公家屋敷一八、武家屋敷五一、社寺二五三という大惨事だった。

焼死者も数知れずで、生まれたばかりの赤子と産婦を長持に入れ、安全なところまで運び、引き返して先祖の位牌《いはい》をとってくると、母子は黒焦げになっていたという話もある。

火は六角通《ろっかくどお》りの国事犯の収容所、六角牢《ろう》にもせまった。ここに生野事件の平野国臣《ひらのくにおみ》、池田屋事件の古高俊太郎ら、四〇人ほどの国事犯が収容されていた。大火の際、牢は切り放しが慣例になっていたが、管理者の滝川播磨守《はりまのかみ》が国事犯の処断を決め、斬殺した。

本来、この大火災は長州勢の無謀な反乱によって起こったものだが、幕府、会津が逆恨みにあった。

残党狩り

会津藩と薩摩藩は翌日から長州の残党狩りをおこなった。長州勢はその夜のうちに大半は引き揚げたが、久留米《くるめ》藩（福岡県）の真木和泉は二〇〇人ほどの同志と山崎に退き、一九日午後二時ごろ、天王山《てんのうざん》に帰り着いた。

天王山に残っていた長州の宍戸九郎兵衛は、真木に対して長州に退いて再起をはかることを勧めたが、自分は今回の挙兵の巨魁であり、血をもって禁門をけがした罪は重いとして死を選ぶと帰国を断った。

これを知った会津藩と新選組は天王山に向かった。天王山の麓《ふもと》にたどり着くと、八幡神社の境内に大砲が捨ててあった。新選組はこの大砲を捕獲して、山上に向けて続けざまに発砲し、炎天のため甲冑を脱ぎ捨てて身軽になって山をのぼった。

「かかれ、かかれ」

と下知して、会津、薩摩、新選組の兵士が山頂に達すると、その一角に烏帽子《えぼし》をかぶった真木和泉が金切輪《きんきりわ》の采配を手にして現れた。永倉新八の『新撰組顚末記』（新人物往来社）にそのときの情景が描かれている。

「討手の勢はいずこの藩なるや、かくいうそれがしは、真木和泉である」

と声をあげた。堂々たる態度である。会津藩の家老神保《じんぼ》内蔵助《くらのすけ》が、名乗りをあげ、続いて近藤勇も、

「それがしは新選組近藤勇ッ」

と名乗った。昨日の戦いとはうって変わって、これこそは侍といった光景である。

「ほう」

真木はうなずき、朗々と詩を吟じた。吟じ終わって、

「えい、えいッ」

と声をかけると、真木の残党が一斉に鉄砲を放った。永倉は腰に、井上源三郎がすねに銃弾を受け、怪我《けが》をおった。

「それッ、かかれッ」

両軍入り乱れて撃ち合いになった。やがて真木が、

「引けッ」

と陣小屋に駆け込むと、たちまちもうもうと煙がのぼった。陣小屋は赤い炎をあげて炎上し燃えつきた。火がおさまってから小屋の跡をのぞくと、黒焦げの死体のなかに、直垂の焼け残りと、見事な切腹の遺体があり、それが真木和泉ではないかと思われた。永倉らはこの遺体を丁重に葬った。

長州と幕府、会津の関係は最悪になった。ここからまた激動の時代がはじまる。会津の味方だった薩摩の西郷隆盛が一転、長州と手を結び、土佐の坂本龍馬《さかもとりょうま》も台頭、新たな嵐の時代の幕が上がろうとしていた。

長州征伐

慶喜は今度の事件で、長州をつぶす絶好の機会到来と考えた。慶喜は西国の二一藩に長州藩追討の命令をくだした。総督は尾張の徳川慶勝《よしかつ》に押しつけた。この人、容保の実兄だが、御多分にもれずやる気はない。

副総督に福井藩の松平春嶽を指名したが、こちらは断られた。この辺が春嶽の世渡りのうまさである。会津はのちに春嶽に踊らされ、ひどい目にあっている。

慶喜の兄で鳥取藩主の池田《いけだ》慶徳《よしのり》も弟の岡山藩主池田茂政《もちまさ》も、長州征伐に反対だった。

皆、逃げ腰で、長州征伐は最初から人気がなかった。

長州藩の過激派は一掃され、藩庁は保守派が占め、ひたすら恭順の意を表しているではないか。いま攻めたら高杉晋作《たかすぎしんさく》のような眠れる獅子を起こすことになる。一件落着したのだから、いいじゃないかという声が大勢であった。どこも財政難で軍費の調達もむずかしかったのである。

困った慶喜は長州征伐軍の参謀に西郷隆盛をつけた。西郷に押しつけて薩摩と長州で戦争をやらせれば、幕府に傷はつかない。失費の負担も少なくてすむというわけである。征長総督参謀はただの参謀ではない。すべてを仕切る大参謀である。これは驚きの人事だった。慶喜が西郷に頭を下げる結果になった。幕府の崩壊がはじまっていたことは、この一事をもってしても明白だった。

以来、宮廷勢力も西郷には、一目も二目もおくようになった。長州征伐はすべては西郷のペースで進んだ。長州藩は益田右衛門介、福原越後、国司信濃の三家老を切腹させ、さらに四人の参謀も切腹させ、幕府に謝罪恭順の意を表すことで決着した。

これで長州征伐は解兵となった。

第五章　立ちはだかる男たち

西郷隆盛《さいごうたかもり》

京都守護職《きょうとしゅごしょく》の任にある松平容保《まつだいらかたもり》を支える会津《あいづ》武士の前に、西南雄藩の男たちが次々に立ちはだかった。薩摩《さつま》（鹿児島県）の西郷隆盛《さいごうたかもり》、大久保《おおくぼ》利通《としみち》、長州《ちょうしゅう》（山口県）の木《き》戸《ど》孝允《たかよし》、高杉晋作《たかすぎしんさく》、土佐《とさ》（高知県）の坂本龍馬《さかもとりょうま》、公家の岩倉具視《いわくらともみ》ら、大胆でふてぶてしい男たちである。会津藩（福島県）の侍たちは、これらの男たちと激しい戦いを繰り広げることになる。

西郷隆盛

徳川慶喜《とくがわよしのぶ》がとりこになった男、西郷隆盛は文政《ぶんせい》一〇年（一八二七）、鹿児島城下の下加治屋《しもかじゃ》町山之口馬場に、父吉兵衛隆盛、母マサの長男として生まれた。幼名は小吉といった。一六、七歳のころからは吉之介《きちのすけ》といい、父の死後は一時期、吉兵衛を名乗った。当時の人は、いくつも名前をもっている。雅号《がごう》は南洲《なんしゅう》、諱《いみな》は隆永、隆盛、変名は菊池源吾、大島三右衛門などいくつかあった。

西郷の家格は御小姓与《おこしょうぐみ》で、薩摩藩の身分では、一〇等級の下から二番目だった。かといって平民ではなかった。れっきとした武士である。

薩摩藩の武士は三つの階級にわかれていた。身分が高いのは城下に住む城下士《じょうかし》である。次は城外に住む外城士《とじょうし》である。その下が村々に居住する在村郷士である。

在村郷士の普段の暮らしは農民である。薩摩の人口は約七〇万人、このうち在村郷士以上の侍は二〇万人、比率は約三〇パーセントである。このため下級武士の俸給は少なかったが、家は貧しくても、武士としての自尊心は強かった。

貧乏人の子沢山というが、西郷家は小吉の下に、お琴、吉次郎、お鷹《たか》、お安、信吾《しんご》(従道《つぐみち》)、小兵衛と六人がいた。弘化《こうか》元年(一八四四)、数えで一八歳になった西郷は郡方《こおりがた》書役助の役職に就いた。農村を回って年貢をとり立てる役である。武士というと武術を磨く人間と思われがちだが、いまでいえば官吏である。西郷は年貢をとり立てる末端の役人だった。

農村を回り、農民の苦しい暮らしを目の当たりにして、いかに農家の暮らしを向上させるかを日々考えた。政治家西郷に大きな影響を与えた時期である。人間は他人の苦しみがわからなければ、上に立つことはできない。立ったとしても馬脚をあらわし、成功してもどこかでつまずく。

明治国家の宰相となる大久保利通は、同じ町内に住む三歳年下の少年で、初めての仕事は記録所の書役助だった。これは藩庁で書類を扱う仕事である。もって生まれた器量もあるが、初めての社会体験はその人の人生に大きな影響を与えるものだ。このスタートが、盟友関係にあった二人の運命をのちにわけた。大久保の生涯は冷徹な官僚政治家であり、情に厚く最後まで武士道を捨てなかった西郷とは違っていた。

西郷の上司は迫田太次右衛門《さこたたじえもん》といった。

「百姓を苦しめてはならぬ」

これが迫田の口癖だった。嘉永《かえい》二年（一八四九）の凶作のとき、たとえ凶作でも年貢を加減してはならぬという藩のやり方に抗議して、

「検分の意味がない」

と奉行を辞職した剛直の士であった。

大久保利通

名君との出会い

薩摩藩の石高は七七万石あまり、加賀《かが》藩（石川県）の一〇二万石に次ぐ天下第二位の雄藩であった。薩摩、大隅《おおすみ》（鹿児島県）、日向諸県郡《ひゅうがもろかた》（宮崎県）と、琉球《りゅうきゅう》（沖縄県）を

支配していた。琉球はかつて一つの国家、琉球王朝であった。

各種資料には領内の土地はやせた火山灰地で噴火や台風、自然災害も多く、農業を営むには容易ではなかったと書かれてあるが、それは事実と異なっている。生蠟《きろう》、菜《な》種《たね》、砂糖、染料の朱粉《しゅふん》、止血剤や香料、染料の材料となる熱帯系の植物鬱金《うこん》など特産物を売りさばき、莫大な利益を得ていたのである。

西郷が主君島津斉彬《しまづなりあきら》の側に仕えたのは安政《あんせい》元年（一八五四）正月からである。日本最初の洋式工場群である集成館《しゅうせいかん》ができ上がりつつあった時期だった。

江戸時代も中期以降になると、藩公はいわば飾りで、名君と呼ばれる人は数えるほどしかいない。見栄《みば》えがよく、何事も家臣に任せるタイプが望まれる藩公像だった。そうしたなかで大いに指導性を発揮した数少ない主君が斉彬だった。同時代の主君では斉彬が断トツで、以下、福井の松平春嶽《しゅんがく》、土佐の山内容堂《やまうちようどう》と続く程度である。

どこがどう断トツなのか。城下町鹿児島の見所ナンバーワンは、国の重要文化財、尚古《しょうこ》集成館である。ここに斉彬の業績が凝縮されている。私は二度、ここを訪ねた。

鹿児島では酒というと焼酎《しょうちゅう》である。けっして日本酒ではない。鹿児島の知人と飲みに行くと、出てきたのは芋焼酎だった。その芋焼酎を開発した人物、それが斉彬だった。

斉彬というと西洋かぶれを連想するが、庶民の暮らしにも配慮し、鹿児島特産の芋焼酎までつくり上げたのだから、文字どおりの名君であった。

殿様はたいてい江戸育ちである。斉彬もそうだった。江戸高輪《たかなわ》の藩邸で生まれ、曾祖父重豪《しげひで》にかわいがられて育った。母は鳥取城主池田《いけだ》治道《はるみち》の長女周子《かねこ》である。一六歳のとき母を失い、一八歳で結婚した。妻は一橋斉敦《ひとつばしなりあつ》の娘英姫《ふさひめ》である。

二七歳のとき、初めて鹿児島の土を踏んだ。官位は左近衛権《さこんえごんの》少将《しょうしょう》で、異例の出世だった。このときは、わずか八ヵ月の鹿児島での暮らしだったが、あるときは家臣の子弟を集めて文武の芸を指導し、鷹狩りや乗馬回しのときは先ぶれの必要はないといい、突然、民家に入って居合わせた下々の民にあれこれ暮らし向きを聞いたり、縁側で煙草《たばこ》を吸ったりした。

あとで斉彬と知って人々は驚き、恐れおののいた。江戸に帰るとき、人々は別れを惜しみ、涙を流して見送った。

斉彬が藩主になったのは、嘉永四年（一八五一）、四三歳のときである。数えで西郷二五歳、大久保二二歳の春であった。

鹿児島に入った斉彬は、藩政の一大改革に踏み切った。大工場群の建設である。嘉永六年（一八五三）、斉彬は磯《いそ》の邸内に反射炉《はんしゃろ》をつくった。

翌年に溶解炉《ようかいろ》を完成させ、大砲鋳造所、砲腔《ほうこう》をうがつための鑽開台《さんかいだい》、製薬所、ガラス製造所、鍋釜《なべかま》製造所、鍛冶《かじ》場、さらには海岸近くの造船所、紡績所と次々に工場を建設し、そこを集成館と総称した。西郷は仰天した。

従業員は最盛時で一二〇〇人、全国広しといえどもこれほどの工場はなかった。惜しむらくは文久《ぶんきゅう》三年（一八六三）の薩英戦争で、集成館の大部分が焼けてしまったことである。しかし、その後に建てた機械工場が今日まで残り、現在の尚古集成館になっている。

正直、うらやましい限りである。東北にはこの種のものはない。仙台にもないし、盛岡にもない。会津にも長岡《ながおか》にもなかった。財力も違うし、主君の器も違っていた。この差は大きい。

設計はイギリス人、わが国最古の石造りの工場建築で、文化財としての価値も高く、斉彬の偉業をあますところなく今日に伝えている。薩摩藩がいかに開明的だったかは、ここにくると一目瞭然《いちもくりょうぜん》である。

なかでもひときわ目立つものに、ガラス工芸品があった。ガラス製品は、医薬品の精製のために必要だった。そこで溶解室、吹き場、研磨室をつくり、紅色ガラスまで製造した。その技法はヨーロッパのガラス技法に匹敵するレベルの高さだった。「ガラス工芸」コーナーに展示された薩摩切子《きりこ》の美しさは格別で、薩摩の技術水準の高さを示していた。

「窮理《きゅうり》（物理学）と舎密《セイミ》（化学）は経済の根本なり」

と斉彬は側近に語った。電信の実験、写真の研究もおこなった。この時代にどうしてこんな人がいたのか。

斉彬は曾祖父重豪の影響を受けて育った。重豪は蘭癖《らんぺき》といわれた人で、周辺は西洋の文物であふれていた。このため斉彬は幼時から西洋文明に強い関心をもち、西欧列強に対抗するためには、小手先の対応では通用しないと考え、西欧の科学技術や制度を大幅にとり入れ、工場までつくり上げた。莫大な費用は斉彬を嫌った前家老の調所《ずしょ》広郷《ひろさと》が備蓄したものだった。

西郷は二八歳で転機をむかえる。藩主島津斉彬の中小姓に抜擢《ばってき》された。なぜ抜擢されたのか。

「しばしば意見書を藩庁に提出したためではないか」

と後年、西郷が回顧している。この異動は西郷を根本から変えた。それほど斉彬の影響は強かった。

ペリー来航

安政元年正月、斉彬は参勤交代のために江戸に向かった。鹿児島を出た斉彬の一行は藩境で一休みした。

「吉之介をこれへ」

と斉彬がいい、西郷は初めて親しく斉彬公にお目どおりした。斉彬は目玉の大きい大男を頼もしげに見つめた。

江戸の高輪の藩邸には三月六日に入った。翌月、西郷は庭方役《にわかたやく》を拝命した。斉彬の秘書役である。

「水戸《みと》（茨城県）の藩邸に使いに参れ」

斉彬に命じられ水戸藩邸に出かけた。水戸藩には有名な藤田《ふじた》東湖《とうこ》がいた。その藤田に主君の書簡を届けるためだった。

このとき日本は未曾有《みぞう》の危機にあった。前年の嘉永六年六月、アメリカのマシュー・ペリーの艦隊が浦賀《うらが》に来て、日本は大騒動におちいった。鎖国をかかげてきた幕府は右往左往し、各地で攘夷《じょうい》論が起こり、空前の危機が日本に到来した。

攘夷論の急先鋒が水戸藩だった。藩主徳川斉昭《とくがわなりあき》は藤田東湖の思想、尊王攘夷をもとにペリーの来航以来、軍備の増強に努め、海岸近辺の農民を積極的に農兵にとり立て、全農家動員体制を組み、外国の侵略に備えようとしていた。

蘭学の勉強も生半可《なまはんか》なものではなく、蘭書の翻訳に努め、斉彬とも蘭書の交換をおこなっていた。薩摩と水戸は、尊王攘夷で意見の一致を見ていた。斉彬は西郷に水戸学の勉強をさせようとしたのである。

「そちは偉丈夫《いじょうふ》じゃのう」

藤田がいった。西郷は体格が抜群によく、目がギョロリとしていて、大人《たいじん》の風貌《ふうぼう》があった。

藤田は西郷を気にいった様子だった。

「まだ日本には外国を打ちはらう力はないが、決戦の覚悟を内に堅持し、人心の奮起をうながし、表向きは外国に対して和親のとり扱いに心掛け、時間をかせいで軍備を強化し、いずれは外国を一掃する」

藤田が語気を強めた。

「よいか、内戦外和《ないせんがいわ》じゃ」

ともいった。外面は友好和議だが、内には戦いの意思を秘めているという、決意の言葉である。西郷は頼もしい方だと感激した。

「そちたちのような若者が斉彬公を押し立てて活動すれば、皇国が振起すること疑いなし」

藤田は西郷を激励した。これが尊王攘夷論との出会いだった。

戻って斉彬に報告した。だが斉彬は外国を否定せず、上手につき合うことが大事だと説いた。藤田とは、いささか意見を異にしていた。

「さすがに我が主君は違う」

と西郷は感心した。

薩摩と水戸は、決定的に異なる路線をたどる。薩摩は開国に転じたが、水戸は幕末まで攘夷にこだわり、天狗党の乱を起こして自滅する。これは主君の世界観の違いが出たといっていい。

薩摩藩は幕府が公認している琉球貿易をかくれ蓑《みの》に、盛んに密貿易をおこなっていた。幕府の厳しい監視をいかにごまかすか、そこが薩摩商人の腕の見せどころである。薩摩には独自の経済感覚が根底にあった。

斉彬の海外事情の知識の広さと深さは、日本でも指折りのものがあった。江戸の藩邸には膨大なオランダの書物があり、それは砲術、築城術、海岸防備、花火術、火薬書など軍事や科学技術全般におよんでいた。

蘭学者とのつき合いも半端ではなく、箕作阮甫《みつくりげんぽ》、高野長英《たかのちょうえい》、伊東玄朴《いとうげんぼく》、緒方洪庵《おがたこうあん》ら枚挙にいとまがなかった。すでにアメリカ艦隊の来航は事前に知っており、とうてい鎖国では対抗できないことも知っていた。

斉彬は開明派の幕府老中阿部正弘《あべまさひろ》とも昵懇《じっこん》の間柄であった。その主君のもとで、西郷は幅広く学べる恵まれた立場にあった。

突然の暗雲

安政四年(一八五七)、斉彬は参勤交代満期となり、西郷は主君とともに帰国した。

西郷は半年ほどしてふたたび江戸詰を命ぜられ、江戸と京都を往復し、開国をめぐる江戸、京都の情勢を斉彬に報告した。西郷はもう斉彬の側近だった。

斉彬は農政に関しても深い関心をもっていた。検地に不公平な面がないか、農民が不当に搾取されてはいないか、私腹《しふく》を肥やしている役人はいないか、そのようなことを西郷に問い、西郷は率直に進言した。

斉彬がもっとも親しくしていたのは福井の松平春嶽だった。老中阿部正弘を囲んで、三人はいつも政局を語っていた。将軍徳川家定《いえさだ》が病弱で、将軍としての資質に欠けており、しかるべき後継者を早急に立てることが当面の急務だった。二人は水戸藩主徳川斉昭の七男、一橋《ひとつばし》慶喜を推薦していた。しかし彦根《ひこね》（滋賀県）の藩主井伊直弼《いいなおすけ》から待ったがかかり、紀州《きしゅう》（和歌山県）の徳川慶福《よしとみ》が将軍継嗣になり、家茂《いえもち》と改めた。

直弼はみずから大老に就任、幕府の独断で日米修好通商条約を結んだ。西郷はこれらの渦中に入り奔走し、薩摩と京都を往復し、情報の収集に当たった。

その最中、主君斉彬を突然、不幸な事態が襲った。安政五年（一八五八）七月八日、斉彬は調練場で、城下士たちの訓練を検閲し、砲台での大砲発射訓練を見て、釣りをして城に戻った。

だが翌九日夜には急に激しい悪寒《おかん》と下痢《げり》に襲われ、翌日には高熱が出て、三、四〇回もの下痢が続き、一六日早朝、あっという間に死亡した。皆、茫然自失《ぼうぜんじしつ》だった。西郷はこれで自分の人生も終わったと悲嘆にくれた。

後継藩主は斉彬の異母弟、久光《ひさみつ》の嫡男忠義《ただよし》だった。斉彬の父斉興《なりおき》が後見役となり、斉彬の政策はすべて見直しとなり、集成館は大幅に縮小された。

「西郷は飛ばせ」

周囲から声があがった。西郷が閑職に追われることは必至だった。

大老井伊直弼は安政の大獄を発動し、開国の反対派を捕らえる動きに出た。西郷は関白近衛《このえ》家から勤王僧月照《げっしょう》の身の安全を依頼され、月照を連れて帰国の途についたが、斉興はこれを拒み、日向送りとした。そこで斬《き》られることを知った西郷は、月照と鹿児島の錦江《きんこう》湾に身を投げた。

月照は命を落としたが西郷は助かり、奄美《あまみ》大島《おおしま》に流された。安政五年一二月、西郷三二歳であった。ここから西郷の苦難の人生がはじまる。

西郷は大島に潜居、その後徳之島《とくのしま》、沖永良部《おきのえらぶ》島に送られ、三年も島流しの生活を余儀なくされる。しかし激動する政局は西郷を必要とし、やがて赦免《しゃめん》され、ふたたび京都で国事に奔走する。

上野の森

東京上野の森に行くと、「西郷さん」の銅像が立っている。私はもう何十回と、銅像の前に立った。無造作に着物を着て、愛犬ツンを連れた銅像である。いかにも器量が大きく、すべての人を包み込む大人の風貌である。

西郷像は高村光雲《たかむらこううん》の作で、愛犬は後藤貞行の作である。建立は明治三一年（一八九八）、除幕式に招かれた妻の糸子《いとこ》は、

「うちの人はこげじゃなか」

といった。実物に似ていなかったようである。じつは西郷隆盛の本当の顔は、あまりわかっていないのである。よく見る肖像（九九ページ掲載）は、弟の西郷従道と従弟の大山巌《おおやまいわお》の顔を合成して描かれたコンテ画といわれている。

実物に近いとされているのは、鹿児島市の西郷隆盛像である。こちらは軍服姿で、凜々《りり》しく天をあおいでいる。

鳥羽伏見《とばふしみ》の戦いに負けて江戸に逃げ帰った将軍徳川慶喜は、

「西郷に匹敵する人物が幕府にいるのか」

といって上野寛永寺《かんえいじ》に引きこもったというエピソードがある。嘘のような本当の話である。

上野は長いあいだ、東北の玄関だった。東北人は上野に特別な愛着を感じて育った。そこに西郷の銅像があり、薩長《さっちょう》が生んだ人物のなかでは、なじみがあるのは西郷だった。とくに山形県の庄内《しょうない》地方の人々が西郷に抱くイメージは特別で、地元に西郷神社

まである。その理由は戊辰《ぼしん》戦争のときの寛典だった。会津のように徹底的な攻撃を受けず、領地も安堵《あんど》されたためだった。

私が西郷には革命家としての冷徹な顔があると書いたら、

「とんでもない。西郷さんを悪く書くのは、やめてもらいたい」

と庄内の人から抗議を受けたことがある。

坂本龍馬

幕末の大変革に火をつけるもう一人の男は坂本龍馬である。薩長同盟を成しとげ、幕府、会津の前に大きく立ちはだかった。龍馬のキーワードはなにか。それは脱藩である。

武士は主君に忠節をつくすことによって、身分が保証され、農工商の上に立つことができた。その枠からはみ出すのが脱藩である。領外に飛び出すことによって自由に振る舞うことができる。

半面、リスクも大きい。藩からの保護は受けられない。藩を捨てた男、犯罪者に近い面もある。一匹狼《いっぴきおおかみ》として生きることになる。ただし龍馬は罪を犯したわけではない。土佐から逃亡しなければならない理由はない。広い世界を見たい。そういう放浪の旅であった。

龍馬といえば司馬遼太郎《しばりょうたろう》である。司馬の名作『竜馬がゆく』は超ベストセラーである。『司馬遼太郎が語る日本』（朝日新聞社）に次の文章がある。

「坂本竜馬という人は、土佐の、本来は町人の家に生まれました。侍の株を買った家でした。勝海舟《かつかいしゅう》の家もそうでした。海舟の曾祖父は盲目の人で、江戸で高利貸しをしていた。カネがカネを生む時代ですから、高利貸しほどいい時代はない」

司馬はこう語り、龍馬の生家も才谷《さいたに》屋という質屋で、やはり金融業であり、そういう武士ではない商売人の気質をもつ人が日本を変えたといった。

司馬は竜馬と書いた。このほうが親しみがもてる。しかし一般には龍馬である。

龍馬について有名なエピソードがある。同志の檜垣清治が語ったという逸話である。清治は腰に自慢の長刀を差していた。当時、土佐の青年武士のあいだではやっていた三尺無反《むぞ》りの朱鞘《しゅざや》である。

ある日、龍馬は清治の長刀を見て、

「無用の長物だ。いざというときに役に立つまい」

といって短い自分の刀を見せた。

「なるほど」

とうなずいて清治は長刀をやめ、短い刀にした。

次に出会ったとき、龍馬は懐からピストルをとり出し、

坂本龍馬

ドーンと一発、撃った。

それから何日か後に出会ったとき、龍馬は「万国公法」（国際法）をもっていた。

「将来は武器だけでは役に立たない、これだよ」

といって、学問の重要性を語った。

ところが土佐の歴史家平尾《ひらお》道雄《みちお》にいわせると、これはまったくの創作だという。清治は文久三年の土佐勤王党《きんのうとう》の獄でとらえられ、ピストルをもった龍馬にも万国公法をもった龍馬にも会ったことはなかった。創作が一人歩きして、研究者も使ってしまった。いかにも龍馬らしいエピソードである。

勝に弟子入り

彼の素顔はいったい、どのようなものだったのか。

龍馬の生家は土佐切っての豪商の流れをくんでいる。若くして江戸に遊学できたのも財力があったからである。

江戸に出た龍馬は黒船の来襲でドギモを抜かれる。鎖国政策をとってきた幕府は大転換を余儀なくされた。海に面した薩摩、長州、土佐などの諸藩も海防重視の政策を打ち出した。土佐では民兵も集められ、その数一万人、二〇大隊に編制され、洋式銃を使っての訓練もはじまった。

水戸藩士による井伊大老の襲撃で、幕府は大きくゆさぶられ、尊王攘夷運動は、いっそう苛烈《かれつ》になる。血の気が多い龍馬にとって土佐は狭すぎた。郷士なので、主君山内家に絶対の忠誠をつくす立場でもない。自由奔放に生きることができた。侍なんて馬鹿らしいと考えていたかもしれない。

彼の素顔はまったく飾ることのない人だった。お世辞は嫌いで、必要以上に褒《ほ》めることもしなければ、けなすこともない。出されたものはなんでもむしゃむしゃ食い、汚い風貌をして、恐ろしい顔つきである。御多分にもれず尊王攘夷であった。

龍馬が歴史に登場するのは文久二年（一八六二）一〇月である。二度目の江戸であった。

半年前に脱藩した龍馬は、赤坂《あかさか》氷川《ひかわ》町の勝海舟の屋敷を訪れた。開国派の勝を殺害せんと乗り込んだ。だが勝はみずから玄関に出て、

「われが勝麟太郎《りんたろう》（海舟）である。われを刺しにこられたな、目を見ればわかる」

と先制攻撃を浴びせた。

勝 海舟

勝は龍馬が来ることを事前に知っており、世界の情勢を説き、海軍強化の重要性を龍馬に語った。龍馬はいともたやすく説得され、以後、勝のあとをついて歩くことになる。

以下は龍馬が姉の坂本乙女《おとめ》にあてた手紙の要約である。

生き生きとした文体である。

このころは、天下無二の軍学者勝麟太郎という大先生の門人となり、ことの外かわいがられ候て、先《まず》きゃくぶん（客分）のようなものになり申候。近きうちには大坂より一〇里余の地にて、兵庫というところにて、おおきな海軍をこしらえ、四〇間、五〇間もある船をこしらえ、弟子どもも、四、五〇〇人も諸方よりあつまり候事、私はじめ栄太郎なども其《その》海軍所に稽古《けいこ》学問いたし、時々船乗の稽古もいたし、稽古船の蒸気船をもって近々のうち、土佐のほうへも参り申候。

天衣無縫《てんいむほう》な龍馬の姿が文面から浮かんでくる。

龍馬は勝を尊敬し、心底《しんそこ》信頼していた。これからは幕府も土佐もない。日本国として物ごとを考えていかなければならないという。

だが、龍馬が人生の師匠と惚《ほ》れ込んだ勝は、突然失脚してしまう。全国諸藩から若者を集めて海軍をつくるという勝の構想は、保守的な江戸の幕閣《ばっかく》に理解されず、吹き飛んだ。海軍は幕府だけでつくると、他藩の者を受け入れることを拒んだ。

日本国の海軍をつくるという、勝の構想は間違っていない。これが日本海軍のベースになれば、明治維新の姿も大きく違っていただろう。なんでも幕府中心で考えてしまうのは、閉鎖的な幕藩体制の致命的欠陥だった。独りよがりな勝にも問題はあったが、やる気まんまんの意欲を挫《くじ》いたことで、勝に恨《うら》みを抱かせる結果となった。

「こんな幕府はぶっつぶしてしまえ」

勝の心に幕府不信が芽生えた。

「幕府は倒せる」

龍馬が薩摩に接近するのは、元治《げんじ》元年（一八六四）である。禁門の変によって長州藩の過激派は京都から追われ、薩摩の力は増大した。天下のキャスティングボートを握るのは薩摩の西郷である。龍馬は西郷軍団の一員として抱えられた。

この年の六月二八日、姉にあてた手紙にこうある。

天下に事をなすものハねぶともよくよくはれずてハ、はりへハうみをつけもふさず候

ねぶととは腫《は》れ物治療術である。時世をよく見て行動しなければ、なにごとも成功はしない。充分腫れなければ、膿《うみ》はとれないという意味である。龍馬が天下国家を動かさんという意識をもちはじめたことが、この手紙から見てとれる。

会津藩にはこうした発想の人物はいなかった。藩という組織のなかからは生まれない発想である。

龍馬を西郷に会わせたのは、ほかならぬ勝である。勝は日々、幕府批判を強めていた。長州をいじめ抜くのではなく、もっと別な対応はないのか、勝はそう感じていた。今後の政局は西郷を中心に動くという読みもあった。勝独特の勘である。

「西郷はどんな男だった」

と勝が龍馬に聞いた。

「つかみどころのない馬鹿のように見える。しかし、底の知れぬ大馬鹿で、釣り鐘にたとえると、大きく打てば大きく鳴るし、小さく打てば小さく鳴る。残念なのは、これを突く撞木《しゅもく》が小さかった」

「ううん」

勝はうなった。この男、人を見る目はある。

龍馬には風格もただよってきた。そんなある日、龍馬は同志三人と嵐山《あらしやま》で遊んだ。その帰り、会津藩の浪人狩りの一隊に出会った。会津の兵は怖い存在である。白い鉢巻きをして槍《やり》を構えている。龍馬は路傍の子犬を抱きあげ、ほおずりしながら一隊のまんなかを突き抜けていった。呆気《あっけ》にとられた会津兵は道を開けた。

天下を動かすためには金が必要だ。龍馬は西郷の援助で、日本初の株式会社といわれる「亀山社中《かめやましやちゆう》」（のちの海援隊《かいえんたい》）を結成する。土佐の脱藩の浪人や、紀州藩の浪人陸奥宗光《むつむねみつ》がくわわった。

資金提供は薩摩藩、主な仕事は長州藩への武器の密売である。金をかせぐには、敵も味方もない、金をはらってくれる人が大事な顧客である。幕府は長州藩への武器の輸出を禁じていた。だが自由人の龍馬にとって、そんなことは問題外である。

仮に会津藩だろうが、頼まれれば銃を都合する。長崎在住の商人トーマス・グラバーから薩摩藩の名目で武器を買いつけ、それを長州に運ぶのである。

幕府は長州の息の根を止めようと征長軍を送り、藩主親子の謝罪書の提出、寺院への蟄居《ちつきよ》、長州に滞在する三条実美《さんじようさねとみ》ら五卿《きよう》の九州転居（八月一八日の政変で長州に追放された七卿のうち、錦小路頼徳《にしきのこうじよりのり》は病死、澤宣嘉《さわのぶよし》は長州藩内に潜伏していた）、山口城の破壊を突きつけた。

藩の首脳部はこれを受けいれようとしたが、高杉晋作は断固反対し、挙兵した。かくて長州藩は武備恭順の姿勢に一本化され、幕府の要求を大半拒絶した。幕府は朝敵長州の処分さえできない弱体化ぶりを露呈してしまった。

「幕府は倒せる」

西郷はひそかに考えた。そのためには長州の狂気をとり込む必要があった。龍馬を使い、西郷は長州に接近する。

この結果、長州の富国強兵策は大いに進み、農民、町民も組み入れた庶民の軍隊も続々誕生、慶応《けいおう》元年（一八六五）の時点で、奇兵隊《きへいたい》、第二奇兵隊、報国隊、干城隊《かんじょうたい》など二五〇〇の兵団が結成された。

薩摩藩の近代化も目を見張るものがあった。長崎のグラバー商会から大量の武器弾薬を購入。見違えるような軍隊が編制されていた。またイギリスに留学生も送り、人材の育成に努めた。

龍馬が薩長同盟の立て役者になるのは、それから間もなくである。

桂小五郎《かつらこごろう》

薩摩の西郷と並ぶ長州の最高実力者は木戸孝允、旧名桂小五郎《かつらこごろう》である。

小五郎の生家は萩《はぎ》にある。広壮な邸宅ではないが、こぢんまりした武家らしいたたずまいがいまも残っている。会津若松《わかまつ》の城下町は会津戊辰戦争で焼失したが、毛利氏《もうりし》二五〇年の城下町は、きれいなかたちで武家屋敷が残っているのだ。勝者と敗者の差を感じるのはこういうときである。

小五郎は藩医和田昌景の後妻の子どもだった。家は先妻とのあいだに跡継ぎがいたので、八歳のときに隣の桂家の養子になった。ところが養父がわずか二〇日足らずで死亡したので、八歳の小五郎が当主になった。

少年時代はこれといった武勇伝もひらめきも記録にはない。いわば平凡な少年であった。吉田松陰《よしだしょういん》の下でも学んでいる。小五郎一七歳、松陰二〇歳のときである。

小五郎の転期は嘉永五年（一八五二）である。江戸の剣術家斎藤新太郎《さいとうしんたろう》が萩にやってきた。これを機会に江戸に剣術修行にでかけることが認められ、小五郎は私費留学で江戸に向かい、一年後には斎藤道場の塾頭、師範代になった。剣術の才能が開花したのである。

翌嘉永六年は、ペリーの艦隊が浦賀に来航した年である。江戸どころか日本中が大騒ぎである。海岸防備のために長州藩にも出動の命令がくだった。どこを見ても黒船防備一色だった。

このとき、吉田松陰は特異な行動をとる。黒船に乗り込み、アメリカを見ようとしたのである。松陰の周囲に集まる若者も激情的だったが、小五郎は一歩、引いた感じで黒船を見ていた。

桂小五郎（木戸孝允）

長州藩といえば、吉田松陰、高杉晋作が二枚看板である。松陰の弟子には、ほかにも綺羅星のごとく人材が並ぶ。久《く》坂玄瑞《さかげんずい》（義助）、赤禰武人《あかねたけと》、伊藤博文《いとうひろぶみ》（俊輔）、山県有朋《やまがたありとも》（狂介）、山田顕義《やまだあきよし》（市之允《いちのじょう》）、品川弥二郎《しながわやじろう》ら枚挙にいとまがない。皆、松下村塾《しょうかそんじゅく》の出身者である。

彼らに比べると、小五郎は風貌からしてスマートである。千葉周作《ちばしゅうさく》の道場にならぶ斎藤道場で師範代を務めた力量は並ではない。小五郎はこのころから政治家の色彩も強かった。幕府、長州藩、自分の家族、すべてを抜群のバランス感覚で見つめる理性があった。

頭もずば抜けていいので、出入りしていた長州藩の京都屋敷で、たちまち頭角を現した。この人はいつも体制側にいる。けっして反体制ではない。そんな小五郎の強みは冷静な分析である。感情的に動くことはない。

この時期、幕府は長州藩をつぶしにかかった。幕府の圧力に長州藩は二つに割れた。だが西郷が長州藩をつぶすことに反対した。

「それはできもうさぬ」

頑として抵抗した。将来、薩摩が天下をとるためには、下関海峡《しものせきかいきょう》を握る長州との和解が絶対必要だと考えた。長州では「薩賊会奸」といって薩摩と会津が恨まれていたが、西郷は会津を切り、長州への接近を決断した。幕府と会津は一心同体であり、会津はもう利用価値はないというのが、西郷の判断だった。

この工作に当たったのが龍馬である。龍馬は小五郎に接近し、下工作をおこなった。これに合わせるかのように高杉晋作と小五郎が公然と動き出した。

「なんということだ」

のちにこれを知った慶喜と容保は顔を見合わせた。二度目の長州征伐は宙に浮いた。事態は深刻だった。こうなったら徹底的に長州をたたき、薩摩を牽制するほかはない。西郷に裏切られた慶喜は再度、長州征伐を決断した。だが会津藩は京都守護職であり、京都を離れることはできない。幕府の弱兵で長州を攻撃するしかなく、ここに一抹の危惧《きぐ》があった。

長州では、ひたすら幕府に謝罪して国を守ろうとする「俗論派」と、討幕をかかげる「正義派」が台頭し、藩内は二つに割れた。

「俗論派」の中心人物は椋梨《むくなし》藤太、諫早《いさはや》巳次郎ら上級武士である。「正義派」のリーダーは高杉晋作、長州藩奪還をかかげて武装蜂起に出た。

晋作の軍隊はただちに萩に攻め入り、たちまち「俗論派」を一掃し、藩庁を奪還した。但馬《たじま》に潜伏して様子を見ていた小五郎も下関に姿を現した。小五郎はいつもこの手で、勝利者のほうについた。独特の嗅覚《きゅうかく》である。これに大村益次郎《おおむらますじろう》がくわわり、幕府との戦闘準備が整った。

薩長同盟成立

西郷はこの段階で長州との同盟に踏み切り、討幕を鮮明に打ち出した。

龍馬が小五郎を呼び出した。ところが、西郷と小五郎はにらみ合ったまま何日もすごし、一向に進展しない。話し合いのきっかけがつかめず、双方はむなしく十数日をついやしてしまった。小五郎が見切りをつけて帰ろうとしたとき、

「なにをしてるんですか」

と龍馬が両藩のあいだに割って入り、個々の感情を脱却し、天下のために将来の方針を協議すべきだと力説した。

「桂さん、いかがですか」

「うん、まあ」

小五郎も頭を下げ、話は急転直下に進展した。龍馬が二人のなかに入って、ようやく秘密軍事同盟が成立した。

同盟の書面は小五郎が書き、龍馬が裏書した。内容は次のようなものだった。

一、幕府と長州で戦いになったときは、薩摩は長州のために急遽《きゆうきよ》二〇〇〇の兵を京都にのぼらせる。
一、戦いが勝利となったときは、薩摩が朝廷にその旨を申しあげる。
一、万一、敗れそうになったとしても、長州は一年や半年で壊滅することはないので、薩摩は必ず尽力する。
一、幕府軍が戦わずして江戸に戻っても、長州が朝敵と見なされないよう、薩摩は

尽力する。

一、一橋（幕府）が増兵し、会津、桑名《くわな》（三重県）が立ちはだかるときは、決戦におよぶほかない。

一、今日より薩摩と長州は、皇国の皇威を輝かせるために誠心尽力する。

その内容は幕府、会津、桑名と決戦におよび、討ら倒すというものだった。長崎での武器弾薬の購入は薩摩藩が斡旋《あっせん》の労をとった。こうして慶応二年（一八六六）正月には、六ヵ条からなる薩長同盟が京都で成立した。

幕府は外交交渉で臨んだ。老中小笠原長行《おがさわらながみち》を広島に派遣し、長州に対し、長州藩主父子の江戸召致を求め、それに応じれば攻めないと下手《したて》に出た。幕府の不安を見透かしている長州藩はこれを突っぱねた。こうなれば戦争である。

会津大混乱

この時期、会津藩は国元が財政破綻《はたん》し、京都守護職辞任の声があがっていた。おまけに会津薩摩同盟の立て役者、公用人《こうようにん》の秋月悌次郎《あきづきていじろう》が蝦夷《えぞ》地（北海道）に左遷される事件が起こっていた。

「あれは身分が低いくせに、大きな顔をしている」

というういがかりをつけられ、こともあろうに蝦夷地に飛ばされた。会津は物ごとを身分で判断する悪弊《あくへい》があった。これで薩摩とのパイプが切れた。

会津の重臣の思考は保守的すぎて柔軟性に欠け、時代に合わなくなっていた。この時期、容保は病気がちで、指導力に欠け、混乱に一層、拍車をかけた。

「会津にはろくな家老がいない」

というのは、誰もが口にすることだった。世襲制なので、家老職の交替はない。家老の息子は誰でも家老になれた。この現状に反旗をひるがえす若者はいなかった。目上の人には絶対服従という日新館《にっしんかん》教育のしばりがあまりにも強すぎた。

秋月が左遷された蝦夷地は遠い北国の果てである。冬期間は交通断絶である。一旦《いったん》緩急《かんきゅう》あれども簡単に呼べるものではない。

秋月はあまりの寒さで病気になった。京都にいるときは、主人容保にいろいろ政策を建言したが、いまは北の蝦夷地に謫居《たっきょ》しており、しかも病に臥《ふ》す身である。それでもじっと蝦夷地で耐えていた。死を覚悟したときもあった。

生き馬の目をぬく変転きわまりない日々である。決め手は情報であった。薩長同盟が結ばれ、薩摩が会津を見限ったと知った会津藩首脳は、あわてて秋月に上洛《じょうらく》を求めた。半年かかって秋月は京都に戻り、薩摩藩邸に出向いたが、

「なにも話すことはない」

と門前ばらいを食わされた。

薩長同盟は当然の成り行きだった。長州が消えれば幕府、会津の力は強大になる、それは薩摩の利益に反する。西郷はそう考えた。

その仲介の労をとったのが坂本龍馬だった。薩長同盟は双方の利害が巧妙に結びついた軍事経済同盟だった。龍馬の役割は大きかった。

高杉晋作の最期

あとに引けなくなった幕府は長州藩の四境を囲み、慶応二年六月七日、軍艦を派遣し周防大島《すおうおおしま》を砲撃、安芸《あき》、石見《いわみ》、小倉《こくら》方面でも戦端を開いた。第二次長州征討、四境戦争である。先鋒総督は紀州藩主徳川茂承《もちつぐ》、九州方面の総督は小笠原長行である。

高杉晋作

　高杉晋作は海軍総督として六月一七日未明、小倉を奇襲した。丙寅《へいいん》丸、癸亥《きがい》丸、庚申《こうしん》丸で田《た》ノ浦港にせまり、乙丑《おっちゅう》丸、丙辰《へいしん》丸で門司《もじ》浦を砲撃した。軍艦から砲撃をくわえ、田の浦東のほうからは長府報国隊を上陸させ、奇兵隊は壇《だん》ノ浦から門司へわたり、幕府軍の船舶を焼きはらい、海岸砲や野戦砲はことごとく奪取した。
　幕府軍は長州艦隊によって敗退した。軍艦の威力はすごいものがあった。

丙寅丸、旧名オテント号は晋作が長崎のグラバーから購入した船で、値段はおよそ三万九〇〇〇両だった。晋作は少し前まではロンドン留学を夢見ていた。しかし幕府との戦争がせまったために留学を断念し、軍艦を購入した。その効果は絶大だった。

幕府軍も蒸気船富士山艦を出したが蒸気釜を打ち砕かれて大苦戦となり、くわえて大坂にいた将軍徳川家茂が突然死去する事態となり、小笠原は急遽大坂に戻り、小倉藩（福岡県）は孤立無援となり、城に火を放って降参した。

大村益次郎は大量の檄文《げきぶん》を街道筋に配り、幕府軍の実態を暴露し、民衆を味方につけた。「無辜《むこ》の人民を斬殺し、暴悪至らざるなし、これ官軍の所業ならずして姦吏《かんり》の陰謀である」という作文だった。

晋作がオテント号、日本名丙寅丸に乗って出撃したのは、慶応二年六月一六日夜半である。下関に来ていた龍馬も一緒だった。このころ、晋作は重い結核《けっかく》にかかっていた。九月に入ると立てなくなり、四境戦争の勝利をかみ締め、知人に見守られながら、息を引きとった。慶応三年（一八六七）四月一四日のことであった。

その直前、晋作は筆をとった。

おもしろきこともなき世をおもしろく

と書いて傍らの野村望東尼《のむらぼうとうに》にわたすと、望東尼は、

住みなすものはこころなりけり

と返したという。しかしこれは後年のつくり話で、下関の歴史家一坂太郎《いちさかたろう》氏によれば、枕元の知人や友人に、

「ここまでやったのだから、これからが大事じゃ、しっかりやってくれろ、しっかりやってくれろ」

といったのが最期の言葉だった。

幕府の長州攻めは失敗した。これを見たイギリスは幕府を見限り、薩摩、長州に舵《かじ》を切った。

イギリスの武器商人トーマス・グラバーは、いまやもう一人の薩摩、長州藩の軍事参謀であった。グラバーは一八、九歳のころ、上海《シャンハイ》にわたり、安政六年（一八五九）九月に長崎にやってきた。このとき二一歳である。居留先はジャーディン・マセソン商会の長崎代理人であるケネス・マッケンジーのところだった。そこで修業し、やがて独立した。

最初の仕事は日本茶の輸出だった。それから艦船や銃器の販売をはじめた。いまや日本の未来を左右する政商であった。

第六章　大政奉還《たいせいほうかん》

小栗上野介《おぐりこうずけのすけ》対勝海舟《かつかいしゅう》

幕府は押される一方である。倒幕の危機がせまっていた。御三家、親藩、どこも我関せずである。会津《あいづ》（福島県）、桑名《くわな》（三重県）だけが骨身を削ってがんばっていたが、すべて限界に近かった。

幕府のなかで一人、この事態に歯ぎしりをしている男がいた。勘定奉行小栗上野介《おぐりこうずけのすけ》である。小栗はフランス公使のレオン・ロッシュの協力を得て、幕府の再建にとり組んでいた。軍備の強化と横須賀製鉄所の建設が当面の目標だった。

財源はフランスの経済顧問クーレとのあいだで締結した三五〇〇万フランの借款契約だった。イギリスのオリエンタルバンクがなかに入り、取引が成立した。ドルに換算すると約六〇〇万ドルである。軍艦、大砲、小銃などの整備購入に二五〇万ドル、横須賀製鉄所に二四〇万ドルを予定した。

　ほかに外国人の技術者の給与に一〇万ドルを割いた。借入金の返済は牛糸や鉱山の開発などで資金を生み、そこから返済を考えた。

　幕府の老中たちは、すべてがチンプンカンプンである。

「そちはフランスにだまされている」

　という人もいれば、

「わが国に製鉄所はいらぬ。木材と紙があれば充分だ」

　という人もいて、賛意が得られぬことも多く、小栗はその都度「やめた、やめた」と辞表をたたきつけた。クビになる前に辞表を出す。幕臣の意気だった。

「またもお役ご免でございますか」

　妻はあきれた。しかし小栗を除いてフランスと交渉できる人物はいない。

「そちがやれ」

　とまたいわれる。何度も辞表と復職を繰り返した。

　小栗は幕府の組織が制度疲労を起こし、倒壊寸前に来ていることを知っていた。それを乗り切るには、徳川慶喜《とくがわよしのぶ》の強い政治力と不退転の決意が必要だった。造船所は海軍工廠《こうしょう》、砲兵工廠も併設し、外国から購入した艦船の修理や維持管理に当てることにした。大砲も小銃も国産に切り換える必要があった。そうしなければ満足な補給もできない。

「幕府がいずれ売りに出されるかもしれぬ。造船所や製鉄所ができれば、土蔵つきの売り家になるよ」

小栗はそういった。幕府を超えて日本を見据え、幕府を中心とする近代国家の建設を夢見ていた。

どちらに転んでも先覚者というものは、とかく悪口をいわれるものである。

「あいつのやっていることは、一〇〇年たっても実現しないよ」

ライバルの勝海舟《かつかいしゅう》は、ことあるごとに小栗をこき下ろした。勝はやっかみの強い男で、小栗が憎かった。小栗は名門の出である。勝は名もなき軽輩の出である。改革というと、なにかといっては小栗の名前が出てくる。身分の壁で苦労してきた勝にはおもしろくない。皮肉の一つや二つはいいたくなる、それが勝の素顔だった。人間の悪口など、一皮むけば次元の低いものだった。

造船所と製鉄所は慶応《けいおう》四年(一八六八)一一月の完成が目標だった。小栗は横須賀に日々詰めて監督した。建設を円滑にするために、近代的なマネージメントも導入した。

現場には鉄具鋳造《ちゅうぞう》局、黄銅鋳造局、鍛冶《かじ》局、鑢《やすり》工局などの専門部門を設け、局にはフランス人と日本人の責任者をおき、勤務時間も決め、休日も設け、合理的な労務管理を採用した。

日仏の共同作業である。言葉の壁もあった。壁を乗り越えるために横浜仏語伝習所も開設した。幕臣栗本鋤雲《くりもとじょうん》の知人、宣教師のメルメ・カションが校長になり、一四歳から二〇歳までの青年数十人を寮に寄宿させて教育した。小栗は自分の養子もこの学校に入れた。すべてをフランスにかけたといってよかった。

慶応という年は日本の文明開化の元年だった。薩長《さっちょう》が刻々、幕府にせまっているという実感があり、「その前に完成させたい」と小栗は思った。幕府にはもてる力を結集して当たる覇気に欠けていた。危機意識も低かった。死ぬ気でぶつかる人間がいないのだ。勝にいたっては平気で裏切り行為を続けていた。はらわたが煮えくり返る思いだった。愚痴を聞いてくれるのは栗本鋤雲だけだった。

土佐《とさ》藩の口舌《こうぜつ》

幕末の大どんでん返しは、土佐《とさ》藩（高知県）が提案した大政奉還《たいせいほうかん》である。薩摩《さつま》（鹿児島県）、長州《ちょうしゅう》（山口県）がすべてに先行していた。幕府も会津も日々、ゆさぶりをかけられ、右に左にゆれていた。そこへ土佐藩が接近してきた。薩摩、長州ではなく、土佐というのが意表をつくものだった。主君山内容堂《やまうちようどう》は幕府寄りである。会津藩との関係もよかった。

このとき、歴史の舞台に登場したのが土佐藩の坂本龍馬《さかもとりょうま》と後藤象二郎《ごとうしょうじろう》である。龍馬は幕府と薩摩、長州の武力対決をさけ、平和裏に新制日本をつくろうとした。

慶応三年（一八六七）、龍馬は海援隊の仲間や後藤象二郎らと長崎から大坂に向かう船中で、新しい国家の体制を協議した。

「おい、これでどうだ」

と龍馬は世にいう「船中八策《せんちゅうはっさく》」を示した。

一、天下の政権を朝廷に奉還せしめ、政令は朝廷より出ること。
一、上下議政局を設け、議員を置き、万機を公論に決すること。
一、有為の公卿《くぎょう》、諸侯および天下の人材を顧問にむかえ、官爵《かんしゃく》を賜り、従来の有名無実の官を除くこと。
一、外国との交際を広くし、新たに至当の規約を立てること。
一、古来の律令を折衷し、新たに無窮の大典（憲法）を制定すべきこと。
一、海軍を拡張すること。
一、御親兵をおき、帝都を守衛せしめること。
一、金銀物価、よろしく外国と平均の法を設けること。

という中身だった。このすべてを龍馬が考えたのかどうか、疑問に思える。一大英断をもって天下を一新するとし、朝廷をトップとする中央政権を確立するというものである。さらに議会を設置し、憲法を定め、中央政府直属の軍隊も編成し、近代的な国家を建設せんとあるのだ。このプロジェクトには相当の人間が参画していたに違いない。

土佐藩からやさしい言葉をかけられると、慶喜も松平容保《まつだいらかたもり》もぐらついた。だが西郷《さいごう》隆盛《たかもり》はもう一本の楔《くさび》を土佐に打っていた。板垣退助《いたがきたいすけ》である。板垣は江戸の勤務が長く、側用人《そばようにん》や大監察の経験もあった。慶応元年（一八六五）に西郷と出会って昵懇《じっこん》になり、討幕を密約し、慶応三年には中岡慎太郎《なかおかしんたろう》らと西郷とのあいだで薩摩土佐盟約を結び、軍備の拡張に奔走していた。

西郷にぬかりはなかった。板垣を動かせば、土佐はいつでもひっくり返る。一見、悠然に見える西郷だが、頭脳は緻密《ちみつ》で、裏の裏を読む男だった。

土佐藩の船中八策がいつ慶喜の耳に入ったのか。土佐藩の建白書をたずさえて京都にのぼったのは後藤象二郎だった。後藤は慶喜の腹心、永井尚志《ながいなおむね》と協議し、そのあと老中の板倉勝静《いたくらかつきよ》に会っている。慶応三年一〇月三日のことである。

これを読んだ板倉は、

「幕府も考えていたことである。時宜を得たものよ」

といった。

幕府はオランダから帰国した西周助《にししゅうすけ》が「国家制度草案」をまとめていた。勘定奉行の小栗が造船所や製鉄所の建設に着手、具体的な事業に乗り出していたが、国家の理念は西が担当していた。

西の案は慶喜を頂点とする新たな国家改造計画であった。大君、すなわち慶喜は政府の首長であると同時に、大名から構成される上院の議長を兼ね、各藩一人ずつの議員で構成する下院の解散権も握るという、慶喜独裁政権の体制だった。天皇はというと、上下両院で議決された法律に判を押すだけという、いわば象徴的存在だった。天皇は国民の象徴という今日の憲法に、その部分は良く似ている。

つまり船中八策は、幕府の案に酷似していたのである。幕府の案が盗まれていた可能性もある。誰がもらしたのか。情報管理が徹底していない時代である。ルートはいろいろあったであろう。

幕府の草案をまとめた西はたちまち慶喜の側近となり、慶喜にフランス語や欧州事情を伝授する日々だった。西は石見国（島根県）津和野の医師の嫡男に生まれた。幕府の蕃書調所《ばんしょしらべしょ》の教授からオランダに留学、ライデン大学で法律や政治学を学んで榎本《えのもと》武揚《たけあき》と一緒に帰国したエリートである。明治以降西周《あまね》を名乗り、哲学者として活躍、貴族院議員、男爵《だんしゃく》にもなっている。

その西もこれならばという。
「そうか、うむ、これで行こう」
慶喜は安堵《あんど》した。

フランス皇帝にあやかって

慶喜は歴史に自分の姿を刻もうとしたのか、この時期、何枚かの写真を撮っている。千葉県松戸《まつど》市の戸定《とじょう》歴史館には、禁裏《きんり》守衛総督《しゅえいそうとく》時代の肖像、将軍時代の数点の肖像、晩年の肖像画と多くの写真が飾られている。

圧巻はこの時期に撮影した馬に乗ったフランス式の軍装姿である。軍装はフランス皇帝ナポレオン三世からおくられたもので、それを着込んだ得意然としたポーズには、慶喜の夢が込められていた。

この姿が現実のものになるのだ。慶喜に笑みがこぼれた。土佐藩の案は慶喜の胸のうちを充分に計算したものだった。政権を朝廷に返しても新政権の座につけるというのは、禁断の蜜《みつ》のように甘く感じられた。身も心もとけそうな誘惑だった。フランスとの外交が破綻《はたん》を見せはじめた時期でもあり、慶喜は禁断の蜜に顔を近づけ、口に入れてゆっくりと味わった。

仮に口舌《こうぜつ》の類《たぐ》いであっても、土佐が責任をもって薩摩と長州のあいだに立ってくれるのであれば、なにも心配はない。慶喜は確信した。

念のために松平春嶽《しゅんがく》にも聞いてみた。

「一身、一家、一族の私情を捨てて、大政奉還を致すべきだ。ただし手続きは慎重、綿密、周到を要する」

と春嶽も賛成した。

朝廷に政権を返上したところで、孝明天皇《こうめいてんのう》の死後に即位した明治天皇はまだ幼い。政治をやれる人間は幕府、つまり慶喜をおいてほかにはいない。結局は従来どおり慶喜に政治は委任されるのだ。こう考えると慶喜は楽になった。単純というか、純粋というか、慶喜はすべてを自分に都合よく解釈し、土佐がセットしたテーブルに着いたのだ。

江戸の幕閣《ばつかく》は慶喜の心の移り変わりをなに一つ知らない。幕府政治の構造的大欠陥であった。心理状態は不安だらけの慶喜が、自分の思い込みで土佐案を受け入れ、それを誰もチェックしていないのだ。小栗も勝も何をしていたのか。信じがたい話であった。

慶喜は『昔夢《せきむ》会筆記《かいひつき》』で、当時のことをこう回想する。

「余が政権返上を決したのは、早くからのことである。しかし、どのようにして王政復古の実をあげるかは、成案はなかった。公家や大名では無理で、諸藩士もむずかしかろう。余の苦心はここにあった。

山内容堂の建白書に上院、下院の制を設けるとあったので、これなら公論で決することができようと思い、勇気と自信をもって断行した。日本の行く末は西洋のように郡県制度になろうと漠然と考えていた。その順序、方法などは考えていなかった」

しかし、どう見ても、慶喜の判断は安易すぎた。幕府には小栗、勝、榎本、大鳥圭《おおとりけい》介《すけ》ら意見を聞くべき人は大勢いたはずだった。

なによりも大問題なのはフランス公使ロッシュに、まったく相談をしていなかったことだ。建白書の策定には薩摩藩の家老小松帯刀《こまつたてわき》、広島藩家老の辻将曹《つじしょうそう》の名前もあったので、慶喜はすっかり安心していた。

だがそれは見せかけだったのだ。西郷は最初から最後まで、このような政権交代を微塵《みじん》も考えてはいなかった。

徳川慶喜

幕府を見限ったイギリス

西郷の本心は討幕だった。三カ月前に武力討幕を決めていた。そのきっかけは大坂の正法寺で会ったイギリス公使館で通訳をしていたアーネスト・サトウの一言だった。西郷は公使のハリー・パークスに会いに行ったが、パークスに用事があって会えなかった。そこでサトウと世間話になった。

「サトウさん、イギリス人はフランス人の使われものですね」

西郷は刺激的なことをいった。

「そんなことはない。イギリスはけっしてフランスには屈しない。なぜそんなことをいうのか」

サトウは不快な顔をした。普段は温厚な人だが、プライドは高い。

「まあ聞いてください。兵庫開港も道筋は誰がつけたか、イギリスではないですか。しかるに兵庫開港で儲けているのがフランスです。大坂の豪商と手を組み、貿易を独占して利益を上げ、幕府に還元しています。兵庫での貿易は幕府とフランスが独占しているじゃないですか」

西郷が、あなたの国は埒外《らちがい》だとイギリスの痛いところをつくと、サトウが怒り出した。

「いや、まったくそのとおりだ。フランスはじつにけしからん。横浜でもフランスばかり利益を上げている。まったくイギリスをばかにしている」

サトウの声がうわずってきた。

「私もそう思います」

西郷はあいづちを打った。サトウはもう止まらない。

「このあいだ、さるところでフランス人に会った。彼は日本の形勢をどう思うかと聞いてきた。そこで、まあ貴殿のほうから話をうかがおうといってやった。フランス人がいうには、いずれ日本も西洋諸国のように中央政府に権限が統一される。いまのようにに大名の権力が強くて、幕府の命令を聞かないようではどうにもならない。第一に長州と薩摩を討ち滅ぼさなければならない。ついてはイギリスもフランスにならって幕府を助けるべきだと思うが、とフランス人がいった」

「それでどうしましたか」

西郷は聞いた。これは重大な話だった。

「うん、それはいかんといっておいた。この前の長州征伐をどう思うか。幕府はすぐ敗れてしまい、幕府の権威はまったく地に墜《お》ち、どうにもならん。わずか長州一国さえ幕府は討つことができない。これではどうしてほかの大名をおさえることができようか。それなのに、フランスはどうして弱い幕府を助けるのか、といってやった」

「ありがとうござる、感謝申し上げる」

西郷が礼をいった。

「するとどうだ。フランス人はすこぶる閉口して、それっきり黙ってしまった。フランスはこれからも幕府を助けるだろう。幕府もまたフランスを頼みに金を集め、機械を揃《そろ》え、諸藩を討つ策をこうじるだろう。してみれば諸藩のほうでもこれに対抗してイギリスの支援を受けて天皇をお守りすると、フランスに知らせる必要がある」

サトウは明確に「幕府は見限ったよ」といったのである。イギリスは日本の情勢をよく見ていると、西郷は安堵した。

もはや幕府を倒すことなどさほど困難ではない、そのことも実感した。フランスを変えてしまえば、幕府はたちどころにひっくり返る。西郷はこのとき、はっきりと思った。

「イギリスは薩摩の強い味方です」

西郷がいうと、サトウはうなずきながら、さらに続けた。

「イギリスがはっきり勤王諸藩につくとわかれば、フランスも幕府に援兵は出せないだろう。そうなればイギリスが天皇に政権を握らせることになる。天下の諸侯はその下について、日本はイギリスと同じ組織の国体になるであろう。したがって我々はもう幕府にはなんの同情も抱いてはいない」

サトウは断言した。西郷は正直、仰天した。事態がここまで来た以上、もう幕府に妥協する必要はなかった。

西郷は龍馬に対して土佐の案も選択肢の一つとして賛意を表したが、心のなかは違っていた。慶喜が土佐の口舌に乗って大政を天皇に奉還したまさにそのとき、慶喜はただの人に転落し、朝敵として討ち落とす絶好の機会になる、西郷はそう計算していた。

西郷は武力衝突の場合の戦略も練った。京都には一〇〇〇人の兵がいる。三分の一で御所の守衛に当たり、三分の一で会津藩の守護職屋敷を急襲する。残る三分の一で堀川《ほりかわ》の幕府軍の屯所を攻撃する。別に国元から三〇〇〇人の兵を呼びよせ、大坂城を攻め、天保山《てんぽうざん》沖の軍艦も粉砕する。江戸にも一〇〇〇人の兵がいる。これで甲州《こうしゅう》（山梨県）を固め、幕府軍の上京をおさえる。

武運つたなく敗れたときは、薩摩に続く藩が出よう、というものだった。物ごとを決めるのは情報と開き直りだった。

慶喜、政権を返上

慶喜も人間である以上、多少の迷いはあったろうが、あと戻りはできなかった。慶応三年一〇月一三日、慶喜は在京五〇藩の代表を二条城《にじょうじょう》に集めた。

会津藩には土佐藩から事前に説明があり、松平容保も土佐藩が保証するのであればと条件つきで賛意を表した。会津公用人《こうようにん》の秋月悌次郎《あきづきていじろう》が土佐藩邸に行き、詳細を聞いてもち帰っていた。

この日、会津藩からは家老の内藤介右衛門《ないとうすけえもん》、公用人の外島機兵衛《としまきへえ》、広沢富次郎《ひろさわとみじろう》の三人が出席した。大広間に一同が参集し、板倉勝静が大政奉還を示すと大広間にどよめきが起こった。板倉は、皆に大政奉還について説明した。

「わが皇国、政権が武門に移り、さらに徳川家に至って二〇〇余年、我々その職を奉じてきたが、今日の形勢に至り慚愧《ざんき》にたえない。そこで政権を朝廷に帰し、広く天下の公議をつくし、聖断《せいだん》をあおぎ、同心協力して、ともに皇国を保護し、必ずや外国と並び立つ国家にしたいと考えた。諸君に忌憚《きたん》のない意見を求める」

といって皆の顔を見わたした。板倉の問い掛けはきわめてまじめなものだった。慶喜の本心はともかく、板倉は板倉なりにこれは日本のためだと訴えた。この言葉のどこにも疑念は感じられなかった。

皆、黙ってこの政権返上を聞いた。なかにはおかしいと感じた人もいたかもしれない。しかし、これに薩摩の罠《わな》が仕掛けてあるとは思わなかった。

一様に情報収集能力のひどい欠如であり、どの藩も国家としての危機管理はないに等しかった。この時期の会津藩公用局も薩摩の勢いに流されたままだった。ついで大目付の永井尚志が、

「慶喜公に拝謁《はいえつ》を願う者は申し出るべし」

というと、薩摩の小松帯刀、広島の辻将曹、土佐の後藤象二郎、福岡孝弟《ふくおかたかちか》ら六人が残り、あとは急いで藩邸に戻った。もち帰って至急、国元に報告するためである。慶喜は残った小松らと面談した。

「今日、おおせ出でられた政権返上は、時勢を御洞察された御英断にて、千古《せんこ》御卓越の御見識、まことに敬服の至りにござる」

と小松帯刀が平伏《ひれふ》した。後藤も同じようなことをいった。これを聞いて板倉が、

「帯刀、それについて考えることもあろう。腹蔵なく申しのべよ」

といった。

「さらば申し上げてもよろしきや」

と小松がいい、板倉が、

「遠慮におよばず」

と答えると、小松は襟《えり》を正していった。

「御政権を返上あそばされても、ただいまの朝廷にては大政をとることはできがたく候わん、いずれにせよ諸大名を召され、とくと存意をお尋ねあるべきなり、それまでのあいだは外国事務、国家の大事件は朝廷の御評議によって決行し、その他は従来のごとく、御委任をたまわることと存ずる」

といった。これだと慶喜の地位はそれほど変わるものではなかった。武力による政権交代ではなく、平和裏に政権の交代がおこなわれたのだ。

「もっともなる次第なり」

と慶喜は笑みを浮かべた。

翌一四日、慶喜は桑名藩主松平定敬《さだあき》を連れて参内《さんだい》し、大政奉還を奏上した。これで慶喜は将軍ではなくなった。政治的空白の瞬間である。これは不用意で恐ろしい空白だった。

この光景、よく考えてみれば不可思議だった。江戸の幕閣もフランス公使ロッシュも埒外におかれている。全国の諸大名も召集していない。江戸から陸軍をすべて呼んでいたわけでもなく、陸軍をひきいる大鳥圭介もいなかった。万が一、戦争になったらどうするのか。

諸藩の代表といっても出てきた者の身分はまちまちで、藩内での力量も千差万別だった。藩を代表する人間は数えるほどしかいない。にもかかわらず慶喜の一人芝居は続いた。疑念をはさんだ様子もなく、終始、晴れやかな顔にさえ見えた。

この日、朝廷では有栖川宮熾仁《ありすがわのみやたるひと》親王、賀陽宮朝彦《かやのみやあさひこ》親王、山階宮晃《やましなのみやあきら》親王、摂政二条斉敬《にじようなりゆき》、左大臣近衛忠房《このえただふさ》、右大臣一条実良《いちじようさねよし》らが朝議を開き、慶喜の思惑どおり、当分のあいだ慶喜に国政の大事および外交案件は委任する旨の決定がなされた。

心配して二条城に詰めていた京都守護職《きようとしゆごしよく》松平容保に、

「なにも心配はいらぬ。すべては余のもくろみどおりである」

と慶喜が笑顔でいった。

西郷はこの様子を聞いて、余りのできすぎに驚いていた。このまま話が進んでは討幕にならない。それでは困ると、西郷は次の手を考えた。

朝敵に転落した会津

大政奉還の報が江戸に達したとき、江戸中に激しい動揺と混乱が起こった。

「大政奉還など誰が決めたのだ。とんでもない話だ」

勘定奉行の小栗上野介は烈火のごとく怒り、江戸の幕閣も愕然《がくぜん》となった。幕府がいつの間にか消滅してしまったのだ。

「まさか」

「そんな馬鹿な」

「何かの間違いだろう」

城内は疑心暗鬼《ぎしんあんき》に包まれた。

遅ればせながら江戸城で大評定が開かれた。大半の人々は寝耳に水だった。大広間に怒号が飛び交い、大評定は紛糾した。大評定を仕切ったのは小栗である。国家百年の計に沿い、国家改造計画を進めている小栗には、慶喜の大政奉還などまったく理解できなかった。「上さま御乱心」と映った。

「現状回復しか道はない」

小栗は弁舌を振るい、次の二策を決めた。一つはただちに旗本《はたもと》を上京させ、薩長を京都から駆逐する。もう一つは王政復古《おうせいふっこ》の慶喜が、関東鎮撫《ちんぶ》の名目で江戸に引き揚げることだった。

陸軍総裁の松平乗謨《のりかた》、海軍総裁稲葉《いなば》正巳《まさみ》が汽船であわただしく上京し、小栗の意向を慶喜に伝えた。

しかし、意外なことが起こった。

「そのようなことは、もってのほかだ」

慶喜は顔色を変えて怒った。大政奉還で挙国一致をはかり、世界に乗り出さんとすることが余の考えだと、慶喜は延々と語った。これまでの薩長との確執から考えて、どう転んでも実現は不可能だと二人は思った。唖然《あぜん》として慶喜を見つめた。

ロッシュの驚きも並大抵ではなかった。ロッシュは静養のために熱海《あたみ》に滞在中だったが、急を聞いてただちに江戸に向かった。

「まさか信じられない」

というのがロッシュの第一声だったが、できるだけ善意に解釈しようとした。

「もし薩長が敵対するようなときは、主君は江戸に退き、北部の大名、二〇〇余の譜代大名、八万騎の旗本とともに陸海軍工廠を確保し、戦うつもりだ」

と外国事務総裁小笠原長行《おがさわらながみち》がいうと、ロッシュは幾分、安堵した。ロッシュには慶喜が薩摩、長州に追い詰められたという意識はなく、むしろ幕府のためにいいことだと解釈しようとした。ロッシュも土佐藩を信じ、慶喜が新しく設けられる議会の議長として権力を保持することに期待を寄せた。しかし、西郷は慶喜たちの甘い期待をむざんにも打ち砕いた。

捏造《ねつぞう》された討幕の密勅《みっちょく》

西郷らは慶喜を朝敵とする密勅《みっちょく》を作成したのである。『大西郷全集』では、策謀の張本人は公家の岩倉具視《いわくらともみ》だとある。これは西郷かくしの色彩が濃厚《のうこう》である。どうみても西郷がかんでいることは疑う余地がない。

会津の資料『京都守護職始末』は、中山忠能《なかやまただやす》、正親町三条実愛《おおぎまちさんじょうさねなる》、中御門経之《なかみかどつねゆき》の三人が、密勅を薩摩、長州にくだしたと記述した。

この日から慶喜と容保の思いもよらぬ転落がはじまる。それが西郷の巧妙な謀略だと気づいたときは遅かった。慶喜はすべてを失い、丸裸にされて捨てられる。人任せで無責任な慶喜がはまった落とし穴だった。

密勅の中身は、どのようなものだったのか。

詔《みことのり》す。源慶喜《みなもとよしのぶ》、累世《るいせ》の威をかり、闔賊《こうぞく》の強を恃《たの》み、みだりに、忠良を賊害し、しばしば王命を拒絶し、ついには先帝の詔を矯《た》めて懼《おそ》れず、万民を溝壑《こうがく》に擠《おと》して顧みず、罪悪の至るところ、神州まさに傾覆《けいふく》せんとす。朕《ちん》、いま民の父母として、この賊にして討たずんば、なにをもって、上は先帝の霊に謝し、下は万民の深讐《しんしゅう》に報いんや。これ、朕の憂憤《ゆうふん》のあるところ。諒闇《りようあん》も顧みざるは、万やむべからざるなり。汝《なんじ》、よろしく朕の心を体し、賊臣慶喜を殄戮《てんりく》し、もってすみやかに回天の偉勲《いくん》を奏して、生霊を山岳の安きに措くべし。この朕の願い、あえて懈《おこた》ることなかれ。

正二位　藤原《ふじわら》忠能
正二位　藤原実愛
権中納言　藤原経之

慶応三年一〇月一三日奉

要約すれば、徳川慶喜は会津藩や新選組《しんせんぐみ》を使って、みだりに勤王の志士を殺害し、万民を苦しみの谷間に突き落とし、その罪は国を滅ぼすものである。朕はやむをえず賊臣慶喜を始末し、天地を動かす大事業を進めねばならぬ、という意味になる。天皇はまだ一六歳である。禁門の変では長州軍が撃ち出す砲弾で気絶した。そのとき懸命に守ってくれたのは、慶喜であり容保だったのではないか。

もちろんこの密勅、幼帝のまったく知らないところで作成されており、知るよしもない。後年、正親町三条実愛が「あれは玉松操《たままつみさお》という人物が書いたもので、ここに名前のある三人と岩倉具視の四人しか知らないことだ」と暴露した。革命の裏面はこんなものだった。

幕府と会津の兵は激怒した。ただちに兵を出せと二条城に籠《こも》る慶喜に詰め寄った。しかし御所は完全に薩摩、長州の兵に囲まれている。そこに兵を出せば、御所に発砲することになる。それは即、朝敵を意味する。慶喜は身動きがとれなくなった。

「なぜこんなことに」

慶喜は混乱していた。ここで戦うべきか、それとも関東に引き揚げるか、判断がつきかね、真っ青になって黙りこくった。会津藩の兵士たちは、「即刻、戦うべきだ」と叫んだ。時機を失すればとり返しがつかなくなると慶喜にせまった。そのうち慶喜が大坂にくだるとの噂《うわさ》が流れた。

「絶対に逃がしてはならぬ」

会津藩別選隊の佐川官兵衛《さがわかんべえ》が二条城の表門、裏門を厳重に固めた。佐川の実弟又四郎と常盤次郎が市街に出て、巡邏《じゅんら》した。二人は剣術の達人で、守護職邸の前に来ると、薩摩兵八人が窓から屋内をうかがっている。又四郎がこれをやめさせると、薩摩兵が突然、斬《き》りかかってきた。この斬り合いで、薩摩兵一人が死に、又四郎も重傷を負い、邸内で息を引きとった。

これを聞いて佐川は憤激し、

「まだ薩長の兵は少ない。明日早朝、攻撃すべし」

と大喝した。新選組の近藤勇《こんどういさみ》も賛成した。

しかし慶喜は、大坂にくだる命令を発した。いま京都で暴挙を引き起こしては、「徳川氏二〇〇有余年の忠勤は水泡に帰す」と慶喜はいい、別選隊の高津仲三郎は、「薩摩藩邸を焼かずに京都を去るのは遺恨《いこん》きわまりなし」と悲憤号泣《ひふんごうきゅう》した。

悔やまれる孝明帝《こうめいてい》の死

会津をもっとも深く信頼した孝明天皇が健在であれば、この密勅は有り得なかった。孝明天皇が不可解な死をとげたのは、慶応二年（一八六六）の一二月二五日だった。

「孝明天皇は脇役ではない」と指摘したのは、大阪経済大学の家近良樹《いえちかよしき》教授である。近著『幕末の朝廷』（中公叢書《そうしょ》）で、孝明天皇はアメリカなどが強制してきた、いわゆる「グローバル・スタンダード」を嫌悪していたと指摘している。それは「世界通商の仕向け」「万国普通の常例」「世界不通の御法」といったお題目のもと、文化・文明の両面で、欧米的価値観を日本側に強引に押しつけようとすることに対する批判、健全なナショナリズム精神の萌芽《ほうが》だったとのべた。

元皇族の竹田《たけだ》恒泰《つねやす》氏も「孝明天皇と明治維新」（『Ｖｏｉｃｅ』平成一九年二月号）という論考を発表、孝明天皇は崩御の瞬間まで松平容保に絶対の信頼を寄せ、討幕には反対していたと記述した。天皇の不可解な死についても疑問を投じた。

孝明天皇の研究は、明治維新から太平洋戦争が終結するまでの約八〇年間、ベールに包まれたままだった。明治維新にもっとも深くかかわったのは、明治天皇ではなく孝明天皇だった。にもかかわらず、なぜ研究が進まなかったのか、これは不思議なことであった。

慶応二年一二月一一日に、内侍所で臨時神楽《かぐら》がおこなわれた。孝明天皇は少々風邪気味だったが出御《しゅつぎょ》し、途中で気分が悪いと退席した。天皇は翌日発熱し、一三日には症状が悪化した。一四日には痘瘡《とうそう》（天然痘）による発熱と診断された。一五日には手に吹き出物が現れ、一六日には顔にも吹き出物が生じた。典医一同は孝明天皇の病名は痘瘡と診断した。

やがて回復に向かったが二五日、一転して重体におちいった。激しい嘔吐《おうと》、下痢《げり》、下血を繰り返し、この日の夜一一時ごろには「九穴より御脱血」という重症となり、のたうち回って苦しんだあと三六歳の若さで息を引きとった。

これは砒素《ひそ》による毒殺であると噂が立った。歴史家の何人かが毒殺説をとった。その一人石井孝《いしいたかし》は、痘瘡が回復の時点で突如、病状が悪化したのは、砒素をもられたことによる急性砒素中毒と判断した。

明治天皇の祖父中山忠能は「毒を献じた結果であり、陰計が企てられた」と日記に記した。この場合の毒は砒素ではなく、痘毒だった。首謀者は誰か。岩倉具視の名前が噂された。しかし確証は得られず、今日まで謎《なぞ》に包まれたままになっている。

孝明天皇の死は政局を一転させ、会津藩は後ろ盾を失った。明治天皇はわずか一五歳の若さである。維新そのものにはなんらの影響も与えなかった。それに対して孝明天皇は「攘夷佐幕《じょういさばく》」、つまり攘夷断行と公武合体の二点を一生、貫きとおした人物であり、最後まで王政復古を望まず、討幕派の最大の障害となっていた。そして日本史上未曾有《みぞう》の大混乱のなか、「九穴より御脱血」という壮絶な最期をむかえた。

「孝明天皇が真剣に守ろうとしたことは、幕府を倒すことではなく、調和ある日本を築くことだった」

と竹田恒泰氏は説き、歴史は天皇が望む方向とはまったく別の展開になってしまったと、孝明天皇の突然の死を悼《いた》んだ。

勝てたはずの戦い

会津の佐川官兵衛に、二条城に閉じ込められたとき、

「余に深謀がある。ここは大坂に引き揚げる」

慶喜はそういって押し切った。しかし、これはその場のいい逃れにすぎず、成算はなにもなかった。ただ逃げたい一心だった。幕府、会津はまだ決定的に敗れたわけで

はないが、ここで戦っては朝敵になる、そのことが慶喜を萎縮《いしゅく》させた。

この場合、どうするべきだったのか。その後の経過から見れば、即刻、開戦だった。急遽《きゅうきょ》集められた薩摩の兵は京都の地理に不案内で、どこがどこだか見当がつかなかった。会津藩と新選組は、すべての路地裏まで知っていた。

この段階で御所を包囲すれば、天皇をみずからの陣営にとり返すことも不可能ではなかった。しかし慶喜は二条城を去った。それは完全な敗北を意味した。天皇は薩摩、長州の手中にあり、幕府、会津にいつでも賊軍のレッテルをはることができた。

アーネスト・サトウは慶喜転落の場面を目撃していた。

「私たちが、ちょうど大坂城の濠《ほり》にそって往来の端まで来たとき、進軍ラッパが鳴って、洋式部隊が長い列をつくって行進してくるのに出会った。この部隊が去ったあとから異様な服装をした兵士の一隊が続いた。この兵士のなかには、背中の半分までたれた長い黒髪や白髪の仮髪《かつら》のついた陣笠をかぶったものもあれば、水盤型の陣笠や平たい帽子をかぶった者もいた。

武器も長槍《ながやり》、短い槍、スペンサー銃、スウィス銃、旧式銃、あるいは普通の両刀などさまざまだった。そのとき、辺りが静かになった。騎馬の一隊が近づいてきたのだ。日本人は皆、ひざまずいた。それは慶喜とその供奉《ぐぶ》する人々であった」

「私たちはこの転落の偉人に向かって脱帽した。慶喜は黒い頭巾《ずきん》をかぶり、普通の軍帽をかぶっていた。見たところ顔はやつれ、悲しげであった。彼は私に気づかなかった様子だ。これに引き換え、その後方にしたがった老中の板倉伊賀守《いがのかみ》（勝静）と豊前守《ぶぜんのかみ》（老中格大河内正質《おおこうちまさただ》）は私たちの敬礼に応えて快活に会釈した。会津公も桑名公もそのなかにいた」

イギリスの外交筋は慶喜を哀れな敗者ととらえた。慶喜は勝利の機会を逸した。

岩倉具視の一喝

舞台は大坂城に移る。急遽、大坂に入ったロッシュの励ましで、慶喜は勇気をとり戻し、大坂城でイギリス公使パークスを引見した。

「諸大名の了解のもとに大政を奉還し、天皇もこれを受け入れて、衆議の決定まで国事を指揮せよとのことであった。ところが薩摩、土佐、広島、福井、尾張《おわり》（愛知県）の五藩で禁門を占領し、将軍の辞職と二〇〇万石の納地をせまった。五藩を牛耳っているのは薩摩で、ほかの藩は薩摩のやり方に疑義を抱いている。天皇は一部の者に操られている少年にすぎない。かかる政府が日本の政府ではない」

慶喜はパークスに対して、自分こそが日本の代表だと格調高くのべた。しかし、サトウが見たところ慶喜の表情はつかれ切っていて、落胆はかくせていなかった。慶喜はどう行動すべきか心が乱れ、わからなくなっていた。

慶喜の迷いを見透かすかのように、西郷隆盛は江戸で攪乱《かくらん》工作をおこなった。その知らせが入るや幕府、会津の兵士は激昂《げっこう》し、慶応四年正月元旦、「討薩の表」を作成、翌二日、一斉に京都めがけて進軍を開始した。もう誰も止めることはできなかった。

上京した幕府軍の勢力は陸軍約一万である。会津藩も桑名藩も燃えた。

慶喜の身辺の警護に当たっていた京都見廻組《きょうとみまわりぐみ》や火消しの新門辰五郎《しんもんたつごろう》も決死の覚悟で慶喜の回りを固めた。辰五郎は三〇〇〇人の子分を抱える江戸火消しの親分である。二条城を守るため二〇〇人の子分をつれて京都に来ていた。娘のお芳《よし》を一橋家の女中に差し出し、お芳はほどなく慶喜のお手つきになった。辰五郎は鼻高々である。

「野郎ども、薩長に血の雨を降らせてやれッ」

辰五郎も子分たちを叱咤《しった》した。

幕府軍の主力はフランス士官から訓練を受けた歩兵大隊五〇〇〇である。

「これで薩摩も終わりだ」

老中の板倉勝静がせせら笑い、陸軍奉行の竹中重固《たけなかしげかた》が、

「お任せあれ」

と胸を張った。会津軍や新選組は勝ったも同然と楽観視した。一人、内心の不安をかくせないのが慶喜だった。禁門の変以外、勝ったためしがない。とても確信はもてなかった。

明けて正月三日、討薩の表を手にした幕府大目付滝川具挙《たきがわともたか》が京都見廻組に護衛されて鳥羽《とば》街道を進んだ。幕府の大軍が進撃すれば、薩摩は戦わずして道を開けると思った。薩摩をまったく甘く見ていた。

京都の入り口に小枝《さえだ》橋という小さな橋がある。ここをわたればもう京都である。

「京に入る」

「いや許さん」

と薩摩藩兵と押し問答になったが、埒があかない。

昼ごろ、滝川は強行突破を決断した。西郷はこの瞬間を待っていた。ドーンという轟音《ごうおん》とともに薩摩の砲弾が幕府兵の頭上に炸裂《さくれつ》した。滝川の馬は滝川を振り落として狂奔《きょうほん》し、前方にいた幕府歩兵は砲弾にはね飛ばされ、大混乱におちいった。

このとき、御所で公家たちは、遠くから聞こえる砲声に聞き耳をたて騒然となった。砲声が間断なく聞こえてくる。

「すでに砲火を交えたとあれば、もはや調停の見込みはない。断然、開戦するほかはあるまい」

岩倉具視が公家たちをにらみつけた。

「この戦争は徳川と薩長の私闘ではないか。朝議で開戦を宣言するのはいかがであろうか」

公家からそんな声が出た。強いほうにつくのが公家の習性である。これを聞いて岩倉は顔色を変えた。

「王政復古がなったのですぞ。薩長の兵は京都守護の兵ではないか。私闘とはなにごとぞ」

と一喝した。公家たちは顔を見合わせ、岩倉にいわれるままに開戦を宣言した。

仮に慶喜が京都にとどまり戦闘が起これば、公家たちはあわてふためき何人かは幕府の陣営に駆け込んだであろう。

慶喜は幕府をつぶすために将軍についたような人物だった。補佐する幕府の幹部も素人ばかりだった。

無為無策《むいむさく》

鳥羽、伏見《ふしみ》街道ではなく、間道を使って先鋒部隊を京都市内に潜入させ、攪乱戦法に出れば、御所は大混乱になり、岩倉といえども事態の収拾はできなかったであろう。正攻法といえば聞こえはいいが、戦略がまったくない進軍だった。幕府の無為無策《むいむさく》が西郷と岩倉を助けた。

幕府軍のなかで、善戦したのは会津藩の兵士たちだった。会津藩の大砲隊の奮戦は目ざましいものがあった。大砲を撃ちつくしたあとは槍で突進した。その勇猛果敢《ゆうもうかかん》な戦いぶりは、この戦争の圧巻だった。なかでも白井五郎太夫と佐川官兵衛の突撃隊は薩摩兵の度肝《どぎも》を抜いた。中村半次郎《なかむらはんじろう》ひきいる薩摩の先鋒隊に突進し、四〇人中二八人を殺した。

にもかかわらず全体では負け戦になったのは、一にも二にも幕府陸軍のふがいなさと、戦略のお粗末さだった。幕府陸軍は烏合《うごう》の衆《しゅう》で、逃げまどうだけだった。

最後の決め手は西郷と岩倉が用意した錦旗《きんき》である。二人は京都市内の織物問屋から生地と金糸を買い占め、菊の御紋《ごもん》を縫いつけた錦旗をつくり、ようやく三日夜にできあがり、四日の朝、戦場にかかげた。錦旗には計り知れない威力があった。会津の佐川官兵衛でさえ「ああ賊軍になった」とたじろぎ、これを聞いて慶喜は顔面蒼白となり、江戸に逃亡をはかった。

慶喜は他人に責任を押しつける癖があった。たまたま慶喜のもとに会津藩士神保修《じんぼしゅ》理《り》が来て、「速やかに御東帰ありて、おもむろに善後の策をめぐらさるべし」と戦況の不利を伝えた。

臆病風が吹きはじめた慶喜にとって、この報告はわたりに舟だった。慶喜はこれに乗った。ひそかに天保山沖に浮かぶ幕府の軍艦に逃れ、江戸を目指した。軍艦にはこともあろうに、会津藩主松平容保、桑名藩主松平定敬、老中板倉勝静らの姿もあった。新門辰五郎の娘お芳もいた。

なにをかいわんやであった。御大将が戦っている部下を捨てて逃亡したのは、前代《ぜんだい》未聞《みもん》のことだった。慶喜の信用は失墜《しっつい》し、これで幕府は決定的なダメージを受けた。神保は不運だった。慶喜逃亡の責任をとらされて自刃に追い込まれた。考えられないことばかりだった。

江戸の重臣たちは戦争の勃発《ぼっぱつ》を知らずにいた。慶喜が軍艦で江戸に戻ってきたというので、勝海舟が品川の浜御殿の海軍所にむかえに出た。どうも様子がおかしい。

「いかがなされたのでござるか」

と聞いても誰もが黙っている。いずれも顔色は真っ青で、互いに目を見合わせるだけだった。そのうち板倉勝静が戦争があって負けたといった。

鳥羽伏見の戦いで土佐藩に授けられた錦旗

「なんということだ。あんた方、どうなさるつもりだ。だからいわねえこっちゃねえ」

勝は板倉を見つめて怒りをぶちまけた。上様の御前もへったくれもなかった。江戸に知らせもせずに戦争をはじめたことに憤慨した。しかも負けてしまったのだ。どうしてくれるんだと勝が怒鳴った。

この一事をみても、幕府という組織はまったく機能していないことは明らかだった。慶喜が一人ですべてをぶちこわした。

江戸無血開城の舞台裏

慶喜は江戸城に入ると俄然《がぜん》強気になったが、城内は侃々諤々《かんかんがくがく》、一向にまとまらず、結局、主戦派の勘定奉行小栗は罷免《ひめん》され、恭順派の勝に薩長との全権交渉が任された。

「しょうがないね」

勝はどこか自信ありげな様子だった。薩摩の西郷隆盛、長州の木戸《きど》孝允《たかよし》と対等に話せる幕府唯一の人間である。早速、西郷に手紙を書いた。

「主君慶喜は謹慎し、恭順している。にもかかわらず大軍を向け江戸城総攻撃の勢いを示しているが、徳川家はいまなお一二艘《そう》の軍艦をもっている。二艘を大坂に、二艘を九州、中国に、二艘を東海道に、二艘を横浜に停泊させれば、我々は充分に戦える。そうしないのは、天下の大勢を考え、また自分より貴公の友情のためである」

手紙の中身は巧妙な脅しだった。その上で会談したいと申し入れた。

「いかにも勝先生らしい」

西郷は苦笑した。幕府海軍はたしかに脅威だった。しかし、補給が利かない。保管している弾薬の量はさほどではないはずだ。撃てば撃つほど弾薬は消費する。その補給がなければ、もはや軍艦ではない。西郷には余裕があった。だがそのことには一切ふれず、会うと返事した。

「西郷が、おれが出したわずか一本の手紙で、芝《しば》、田町《たまち》の薩摩屋敷まで、のそのそ談判にやってくるとは、なかなかできないことだ」

勝はそう周囲にもらし羽織袴《はおりはかま》に正装して馬に乗り、従者一人をつれて薩摩屋敷に出かけた。

勝が一室に案内されてしばらく待っていると、古洋服に下駄をはいた西郷が、屋敷の庭のほうから平気な顔で出てきて、

「これは遅刻して失礼した」

といった。

さていよいよ談判になった。西郷は勝の言い分を一々うなずいた。勝の言い分は江戸の無血開城と慶喜の生命の保証、財産の保全だった。

西郷は慶喜の切腹を考えていた。そうしなければこの戦争は終了せず、薩摩、長州がもくろむ新政府の樹立も困難だという考えだった。勝はこれを見越して、

「徳川といえども天皇の民である」

とたたみかけた。この言葉に西郷はつまった。

「いろいろむずかしい議論もありましょうが、私が一身にかけて（この問題を）お引き受けします」

と西郷はいった。

大胆不敵《だいたんふてき》な発言だった。西郷のほうが大人物だった。同じ日本人ではないか、「勝先生なら信用はできる」という感覚があった。修羅場《しゅらば》において重要なことは、やはり人間関係だった。幕府などいらない、つぶせと西郷にいったのはほかならぬ勝海舟だった。

自分がいまここにいるのは、勝海舟という幕臣のおかげでもある。西郷はそのこともかみ締めていた。

「西郷のこの一言で、江戸一〇〇万の生霊も、徳川氏もその滅亡をまぬがれたのだ」

勝はのちに『氷川清話《ひかわせいわ》』で回想している。

結局、江戸城を引きわたし、慶喜が江戸を去ることで、会談は決着した。

じつはこの会談にはもうひとつ、かくされた事実があった。イギリス公使パークスが戦争に反対していたのである。

江戸が壊滅すれば、日本経済は大混乱し、貿易にも支障が出るというのがパークスの言い分だった。

これを聞いた西郷は愕然とした。イギリスの反対を押し切れば、武器弾薬が押さえられてしまう。戦争にならなかった。

残るは会津と庄内《しょうない》（山形県）だった。なかでも最大の抵抗勢力は会津だった。しかし慶喜も勝も会津を援護はしなかった。会津を目指して薩摩、長州ほか連合軍の侵攻がはじまった。幕府の身代わり、生《い》け贄《にえ》として会津が選ばれた。

第七章　挙藩流罪《るざい》

奥羽越列藩同盟《おううえつれっぱんどうめい》

幕府の崩壊で、全国の諸藩はあっという間に薩摩《さつま》（鹿児島県）と長州《ちょうしゅう》（山口県）になびいた。しかし東北、越後《えちご》の諸藩は会津《あいづ》（福島県）を朝敵として討伐することに異議を唱えた。御所に発砲した長州が許され、そのとき御所を守った会津がなぜ朝敵なのか。それは会津と長州の私怨《しえん》ではないか。人々は戦争に反対していると抗議し、国政を薩摩、長州の二藩だけで決めることに猛反発した。

「薩長の横暴は許しがたい」

会津は徹底抗戦を叫《さけ》び、仙台、秋田、盛岡、米沢《よねざわ》（山形県）など東北の諸藩が会津に同情し、支援に立ち上がった。政治、軍事結社の奥羽越列藩同盟《おううえつれっぱんどうめい》が結成されたのはこのときである。

会津と庄内の救済を目的に結成された奥羽越列藩同盟

西国と東北にはさまざまな違いがあった。東北、越後の諸藩は外圧の危機意識も薄く、また藩内の空気も士農工商の秩序が貫かれ、上下の対立もなかった。そこにふってわいたのが、この政変だった。

仙台藩は小姓頭坂本大炊《さかもとおおい》を京都探索に命じ、坂本は一条十郎とともに慶応《けいおう》四年（一八六八）正月元日、京都に向けて出立した。坂本は江川太郎左衛門《えがわたろうざえもん》に西洋砲術を学んだ仙台藩の開明派である。東海道に入ると会津、桑名《くわな》（三重県）の敗兵が続々、逃げ延びてくるのに出会い、事態の重大さに愕然《がくぜん》とした。京都に入ると、

「徳川慶喜《とくがわよしのぶ》反逆につき、奥羽諸藩もこれにしたがうべし」

と達しがあり、正月一七日には、

「逆賊会津を仙台藩一手でもって攻撃せよ」

と仙台藩に命令がくだった。仙台に住んでいると、いったい、なにが起こったか、実感としてわからなかった。どう行動していいのかもわからなかった。

本来であれば薩長《さっちょう》同盟がなり、大政奉還《たいせいほうかん》の動きがあったとき、即、兵を上京させるべきだったが、その判断がなかったため、東北は政治の埒外《らちがい》に置かれてしまった。米沢、盛岡、秋田、皆、同じだった。

奥羽越列藩は会津救済を目的とする政治、軍事結社、奥羽越列藩同盟を結成、薩長政権に対抗した。しかし軍事力の差はいかんともしがたく、白河《しらかわ》（福島県）、越後長《なが》

岡《おか》（新潟県）と敗れ、これを見た秋田が同盟を離脱、最後の砦《とりで》、会津も籠城《ろうじょう》一カ月、ついに敗れ、東北戊辰《ぼしん》戦争は終わった。

会津降人《こうじん》

武運つたなく敗れた会津の侍たちは、全員、会津降人《こうじん》として拘禁された。主君松平《まつだいら》容保《かたもり》と後継の養子喜徳《のぶのり》は城外の妙国寺《みょうこくじ》に幽閉され、一般の兵士は猪苗代《いなわしろ》の謹慎所に移り、病人は郊外の青木村《あおき》に退き、婦女子および六〇歳以上、一四歳以下の男子は釈放された。

明治元年（一八六八）一〇月、容保父子および家族は東京に召喚されることになり、この月一九日、会津の地を離れた。白河まで来たとき、ここでの惨敗がすべてだったと、皆、茫然《ぼうぜん》と白河城に見入った。最初の戦争がここ白河であり、たった一日で白河城を奪われ、薩長軍が東北に乱入した。容保は終始無言だった。

東京に入り、上野の黒門《くろもん》にさしかかると容保は駕籠《かご》から降り、目に涙を浮かべて徳川家の廟所《びょうしょ》に遥拝《ようはい》した。将軍慶喜に裏切られた容保だったが、これは徳川の一門としての礼儀だった。

「市人は感涙《かんるい》を催さざるなし」

と会津の史書、北原雅長《きたはらまさなが》の『七年史』にある。雅長は会津藩家老神保《じんぼ》内蔵助《くらのすけ》の次男で、兄修理《しゅり》は鳥羽伏見《とばふしみ》敗戦の責任をとらされて自刃、父も鶴ケ城《つるがじょう》下の戦いで自刃していた。後年、長崎市長を務める逸材である。

同行したのは重臣の萱野権兵衛《かやのごんべえ》、梶原平馬《かじわらへいま》、内藤介右衛門《ないとうすけえもん》、山川大蔵《やまかわおおくら》、手代木直《てしろぎすぐ》右衛門《えもん》、倉沢右兵衛、井深宅右衛門、丸山主水《もんど》、それに奥番の浦川藤吾、山田貞介、側医馬島瑞園らであった。

一行は一一月三日、東京に入ると二手にわけられ、主君容保らは因州《いんしゅう》鳥取藩池田《いけだ》慶《よし》徳《のり》の江戸屋敷に、喜徳らは久留米《くるめ》藩（福岡県）有馬慶頼《ありまよしより》の屋敷に幽閉された。

鳥取の池田は水戸《みと》藩（茨城県）徳川斉昭《なりあき》の五男で、徳川慶喜《よしのぶ》の兄である。いわば親《しん》戚《せき》に近い屋敷への幽閉であり、安堵《あんど》するものがあった。一方、久留米の有馬は一時、尊王攘夷《そんのうじょうい》の急先鋒であり、会津藩と対峙した時期もあり、扱いがどうなるのか懸念もあった。

警護はどこも厳重をきわめ、いつも三、四人の武士が監視し、室内には鉄器や瀬戸物類はいっさいなく、火箸《ひばし》も木製だった。入浴のときも監視つきで、隣室には小銃が三、四〇挺《ちょう》もあり、室外には大砲まであった。けっして甘いものではなかったが、池田家も有馬家もなにかと配慮してくれた。

一般の兵士は、猪苗代と塩川《しおかわ》から越後の高田《たかだ》に送られ、寺院などに分散収容された。一部は東京にも送られ、小川町《おがわまち》講武所、神田橋《かんだばし》門外騎兵屋敷、護国寺《ごこくじ》、芝増上寺《しばぞうじょうじ》など数カ所に分散収容された。

塩川に謹慎していた家老上田学太輔《うえだがくだゆう》、猪苗代謹慎の家老原田対馬《はらだつしま》も東京に召喚された。いずこも監視つきの謹慎所だった。この先、どのような処分がくだされるのか、会津藩主従には見当もつかず、文字どおりまな板の鯉《こい》だった。

身代わりの切腹

一二月七日になって天皇より詔書《しょうしょ》があった。

「容保の死一等を宥《ゆる》して首謀の者を誅《ころ》し、非常の寛典に処せん」

とする中身だった。

首謀の者を誅せとなれば、いったい誰が該当するのか。その数は二人であった。まず田中土佐《たなかとさ》、神保内蔵助を差し出すことにした。二人はすでに自決している。もう一人が問題だった。

その責めを負ったのが、上席家老の萱野権兵衛だった。どのような過程で萱野に決まったのか、そのことは不明だが、年長者である萱野がみずから買って出たのだろうか。つらい決断であったと思われる。

このとき、容保の義姉照姫《てるひめ》が、見舞状と歌を権兵衛に送っている。

このたびの儀は誠に恐れ入り候次第、まったく御二方様（容保、喜徳）御身代わりとなり、自分においてもなんとも申し候ようこれなく、気の毒、言語絶し、惜しみ候事に存じ候。

五月一六日　照

権兵衛殿へ

夢うつつ思ひも分す惜むそよ
まことある名は世に残るとも

容保からも親書が送られた。権兵衛はこれらを読み、明治二年（一八六九）五月一八日、麻布の保科《ほしな》家別邸で死のときをむかえた。

「いま国家のために死するは覚悟のこととなれば、毫《ごう》も悲しむことにあらざるのみならず、むしろ光栄とするところである」

と別れの言葉をのべ、保科家の大目付の立ち会いのもとに切腹した。残された遺族を思い、旧会津藩士は皆、慟哭《どうこく》した。

このころ、薩摩に捕らえられていた公用方《こうようかた》の重臣広沢《ひろさわ》安任《やすとう》（富次《とみじ》郎《ろう》）が釈放され、梶原、山川、広沢のあいだで、ひそかに会津藩の再興が画策された。合議で総督《そうとく》に山川を選び、若い山川を中心に再興を期すことが決められた。

広沢は大久保《おおくぼ》利通《としみち》や木戸《きど》孝允《たかよし》らの配下と接触し、飯田町《いいだまち》火消屋敷跡に旧会津藩事務所の開設にこぎつけた。しかし、薩摩、長州首脳の戦後処理は厳しいもので、若松《わかまつ》での再興はかなうはずもなかった。

謹慎所での日々

一般の兵士の謹慎所での日々は、食事も環境も最悪だった。負傷した兄太一郎の看護人として、東京に向かった柴五郎《しばごろう》の回想録に、このときの状況が記されている。当時、一一歳であった。五郎はのちに陸軍士官学校に進み、陸軍大将となる逸材である。

若松に敵が攻め込んだ日、五郎の母、祖母、兄嫁、姉、妹と女たちは皆自刃した。悲惨きわまりないことだった。太一郎は戦闘で負傷し、若松の御山病院で治療を受けており、ようやく快方に向かったので明治二年六月、東京に護送されることになった。五郎は看護人として同行が許された。

太一郎には戸板に二本の丸太と蓑笠《みのがさ》をつけた板輿《いたこし》が与えられた。この上に座り、雨が降ると蓙蓙《ござ》をかぶった。梅雨《つゆ》の季節である。連日の雨で蓙蓙は重く、苦しい旅だった。首より腕を吊った者、両杖《りょうづえ》をついて足をひきずっていく者、病気のために次第に列より遠ざかっていく者、下男に背負われた白髪の老人、さまざまな人がいた。

一行は一〇日余で東京に着き、一橋《ひとつばし》門内の御搗屋《おつきや》という食糧倉庫に収容された。木造二階建ての倉庫で、一階は土間で漬物置き場のようで、沢庵《たくあん》のにおいがした。二階は中央に通路があり、両側に一人一畳ずつ粗筵《あらむしろ》を敷き、そこが寝床だった。この夜は干し魚一枚、どんぶり飯一杯に味噌汁《みそしる》が出た。風通しが悪く、蚊《か》や蠅《はえ》が多く、不衛生きわまりなく寝苦しかった。

監視兵がついていたが、五郎は子どもなので、比較的、自由に振る舞うことができた。薬とりの名目で外出も許された。五郎の父は講武所、兄五三郎は幸田邸、兄茂四郎は護国寺に収容されており、よく訪ねた。

太一郎は萱野権兵衛のもとで、軍事奉行添役を務めていた。旧会津藩事務所ができるや、太一郎は早速ここに詰めた。名前を松島翠庵《まつしますいあん》と変え、ほどなく総髪にして医者を名乗り、江戸市中を飛び回り、会津藩の再興を画策した。

五郎は勉学の機会がまったくなく、心配した太一郎が土佐《とさ》藩（高知県）の公用人毛《もう》利恭助《りきょうすけ》の家に学僕として住み込ませた。

勝者と敗者には雲泥《うんでい》の差があり、毛利家には妾《めかけ》と女中、一七、八歳の若党と三人の馬丁《ばてい》がいた。まさに勝てば官軍だった。

五郎の仕事は主人のおともをして、どこへでもついて行くことだった。料亭での宴席のことだった。五郎が座敷に呼ばれた。

「この小僧は会津武士の子でな。母も姉妹も戦争のために自害して果てたるよ」

芸妓《げいぎ》が大勢はべる酒席で毛利にいわれ、五郎は胸中煮えたぎる思いで唇をかんだ。敵が城下に攻め込んだ日、五郎は郊外に避難しており、家族の死を聞いたとき、茫然自失、答えようにも声が出ず、泣くにも涙が流れず、眩暈《めまい》がして倒れた。

五郎は耐え切れずに毛利の家を出た。一年、奉公してもらった餞別《せんべつ》は一分だった。その帰り、夕立にあったので雨傘を買ったら代金は一分だった。悔しくて泣いた。

木戸孝允による会津処分

明治二年九月、松平容保と喜徳の禁固《きんこ》が解かれた。この年六月には、若松の御薬園《おやくえん》で容保の実子、慶三郎《けいざぶろう》が誕生している。母は側室の佐久である。

梶原平馬と山川大蔵は、慶三郎をもって家名を立てたいと新政府に願い出た。あわせて若松の近辺で、帰農したい旨の希望も一部にあると伝えた。しかし、周辺での帰農は問題外と拒否され、状況判断が甘いことを痛感した。

新政府は陸奥《むつ》の下北《しもきた》半島か猪苗代かの案を示したという説もあるが、これは一部の人々の願望であり、政治の場にのぼってはいなかった。猪苗代などとんでもない、というのが新政府の見解だった。

会津藩に対する処分は、長州の木戸孝允が握っていた。薩摩は穏健の傾向があったが、木戸は厳罰で臨んだ。

　木戸が考えたのは旧会津藩士とその家族一万七〇〇〇人余の七割、一万二〇〇〇人余を蝦夷地《えぞち》（北海道）、三割、五〇〇〇人余を盛岡藩の北、現在の青森県に移住させ、開墾《かいこん》をさせるというものだった。

　当時、蝦夷地の開拓は兵部省《ひょうぶしょう》の管轄《かんかつ》だった。担当は木戸の命を受けた大村益次郎《おおむらますじろう》である。大村は会津降人四〇〇〇人を即刻蝦夷地に移住させ、翌年には八〇〇〇人、計一万二〇〇〇人を移住させる計画を立てた。家屋三〇〇〇戸や厩《うまや》の建築、農具の費用もふくめて四六〇万円と米九万石の下付も上申した。

　場所は石狩《いしかり》、発寒《はっさむ》（札幌市）、小樽内《おたるない》をふくむ田城《たしろ》の国だった。蝦夷地はまだ国郡の行政区画は設定されておらず、田地の意味で田、降人による蝦夷警備も意図したので、城の字を使った。屯田兵のはしりである。

　とにかく会津人を遠くに追いやりたい、その一心だった。近くにおいたらいつ反乱を起こすかわからない。木戸は会津人に恐怖感を抱いていた。薩摩が担当だったら違っていただろうが、木戸はこれでもか、これでもかと会津をいじめた。

　ところが会津から第一陣、第二陣を送り出した段階で、北海道の開拓は兵部省ではなく開拓使が当たることに変更された。

　長官に鍋島直正《なべしまなおまさ》、次官に清水谷公考《しみずだにきんなる》が任命された。鍋島は佐賀藩主、清水谷は公家の出である。二人とも実務には遠い人物で、鍋島は高齢のため一度も蝦夷地に姿を見せなかった。このため明確なビジョンも示せなかった。

それではだめだと、二人に代わって登場したのが薩摩の黒田清隆《くろだきよたか》である。没落会津士族に開拓などできない、開拓は農家の二、三男がいいと黒田は考えた。

黒田は長州嫌いで、越後の戦争では長州の参謀山県有朋《やまがたありとも》と不和で、口も利かないほどだった。木戸の案など問題外とはねつけた。たしかに蝦夷地の開拓は黒田のほうがまともだった。

陸奥の地勢

結局、北海道移住は中止となったので、会津人の大半は旧盛岡藩の地に移ることになった。士族を放棄して若松の近郊で農業を営む人もいた。

『会津戊辰戦史』に、「一時、会津にとどまる者あり、二一〇〇戸、あるいは農商に帰する者あり、五〇〇戸、あるいは東京、または各地に赴きて生活を求める者あり、三〇〇余戸」という記述がある。一家族五人と計算すると、五〇〇〇人前後は会津藩から脱藩し、のちの斗南《となみ》藩士にはならず平民になる道を選んだ。これも一つの判断だった。

残る二八〇〇戸、一万七〇〇〇人余が陸奥の斗南藩に未来をたくした。会津藩に与えられた旧盛岡藩の土地は、二戸《にのへ》郡金田一《きんだいち》以北の三戸《さんのへ》、五戸《ごのへ》、野辺地《のへじ》、田名部《たなぶ》通りで、そのあいだに七戸《しちのへ》藩、八戸《はちのへ》藩がはさまり、この二藩は与えられず南北に分断されていた。土地の豊かなところが外されていたのである。ここに罠《わな》があった。

現在の岩手県から青森県にかけて、一戸《いちのへ》から九戸《くのへ》まで戸という地名があった。これは奥州藤原《ふじわら》王朝の時代につくられた特別な牧場の場所で、糠部《ぬかのぶ》と呼ばれる地域だった。中世後期の大名南部氏は、一族が一戸から九戸にわかれて定着し、それぞれの地に城郭があった。

しかし、マサカリのようなかたちをした下北半島は、米のとれない地帯だった。下北は田名部五〇〇〇石といわれ、江戸時代の田名部通りの水田には、稗《ひえ》が栽培されていた。稲もわずかには栽培されていたが、全体の一分程度であった。

冬は積雪が多く、秋は西の烈風に悩まされ、春は遅く、夏は太平洋から吹く冷たい霧に襲われる厳しい風土だった。

三人の幹部

新制斗南藩の幹部三人の顔ぶれは、次のようなものだった。

大参事　　山川浩《ひろし》（大蔵）

最高指導者は軍事総督を務めた山川浩（大蔵）である。名前を大蔵から浩に変えての大参事就任だった。

山川は弘化《こうか》二年（一八四五）、鶴ヶ城の北出丸に面した本二ノ丁に生まれた。本一ノ丁には西郷頼母《さいごうたのも》、萱野権兵衛らの屋敷があった。父を早く亡くしたため祖父に育てられた。山川の家は藩祖保科正之《まさゆき》にしたがって信州《しんしゅう》から会津に移り、家禄《かろく》三〇〇石の中級武士であった。

祖父兵衛《ひょうえ》は二五歳で目付になり、普請奉行、町奉行、御蔵入奉行、大目付、家老ととんとん拍子に出世し、家禄は一〇〇〇石だった。種痘《しゅとう》や西洋銃をいち早くとり入れ、開明派の人物だった。

山川の兄弟姉妹は七人いて、姉の二葉《ふたば》は政務担当家老の梶原平馬に嫁いでいた。弟健次郎《けんじろう》はのちにアメリカに留学し、帰国して東京帝国大学に奉職、総長を務める。妹の咲子《さきこ》（捨松《すてまつ》）もアメリカに留学、帰国して鹿鳴館《ろくめいかん》の華とうたわれ、薩摩の大山巌《おおやまいわお》と結婚する。

山川 浩

山川はこのとき、二五歳だった。今日の感覚でいえば、まだ青年である。この若さでなぜ大参事に選ばれたのか。それはひとえに彼の行動力と人望だった。幕府歩兵奉行を務めた大鳥圭介《おおとりけいすけ》の印象記が残っている。二人は日光の戦場で戦っていた。

「山川氏は当時、会津藩の若年寄なる者にて、両三年前小出大和守にしたがい、オロシャ（ロシア）に至り、西洋文明の国勢を一見し来たりし人にて、一通り文字もあり、性質怜悧《れいり》なれば、君侯の鑑裁《かんさい》にて、この人を遣わし、余と全軍のことを謀らしめんがために送られたり。余一見そのともに語るべきを知りたれば、百事打ち合わせ、大いに力を得たり」

山川はヨーロッパ、ロシアを見ていた。ロシアとの国境交渉のために出かけて、外国奉行小出大和守の随員として海をわたり、見聞を広げた。

帰国し、会津藩の改革に当たろうとしたとき、鳥羽伏見の戦いが起こり、急遽《きゅうきょ》大砲隊員として戦った。周囲はばたばたと戦死し、途中から大砲隊長を務め、最後まで大坂にとどまり、怪我《けが》人の収容に当たった。この行為は周囲から評価された。

藩校日新館《にっしんかん》時代からリーダーの素質があり、同級生、下級生が山川の周囲に結集していた。籠城戦がはじまるや、二四歳の若さで軍事総督に推され辛酸をなめた。だが武器弾薬、食糧が切れるなか、一ヵ月の籠城戦を指揮したのは見事だった。

戦後は戦犯として東京に送られたが、今回、斗南藩の代表に選ばれ、困難な職務に就いた。

山川の家は女性が強いことでも有名だった。母は籠城中、主君容保の義姉照姫とともに、炊き出しや負傷者の看護に当たり、その活躍は誰しもが認めるものだった。

山川は六月下旬に新潟を出た第三便で、野辺地に上陸した。山川は最初、ここから藩庁を置いた五戸に向かっている。健次郎は長州藩士奥平謙輔《おくひらけんすけ》に預けられていて、ここには来なかった。五戸の藩庁はすぐ田名部に移ったので、山川も一家をあげてすぐ田名部に移った。

山川は自分を曲げない強情なタイプだった。腕っぷしも強く、エジプトでピラミッドを見学した際、現地ガイドが東洋人をさげすむ態度を見せた。山川は怒ってその男をなぐりつけた。

陸奥に対する知識はなかったが、とにかくやるしかないというのが山川の心境だった。

少参事　広沢安任（富次郎）

広沢安任

若い山川を補佐する、殖産興業の責任者が広沢だった。山川は広沢に全幅の信頼を寄せ、一任した。この地にいち早く入り、準備に当たったのも広沢だった。若干ではあるが、陸奥に対する知識もあった。

広沢は天保《てんぽう》元年（一八三〇）二月、下級武士の二男として鶴ヶ城下に生まれ、藩校日新館から江戸昌平坂学問所《しょうへいざかがくもんじょ》に学んだ。生家は貧困をきわめ、幼いころは弱虫でよく泣かされた。父が早く亡くなったため母を助けて働き、昌平坂学問所に学んだときは二〇歳を越えていた。

広沢が幕末史に登場するのは、文久《ぶんきゅう》二年（一八六二）である。主君容保が京都守護職に就任するや、京都着任の準備のために秋月悌次郎《あきづきていじろう》とともに上洛《じょうらく》し、京都の情勢を的確にとらえ、本隊をむかえる準備に当たった。

江戸から浪士組が姿を見せ、近藤勇《こんどういさみ》を中心に新選組《しんせんぐみ》を結成するや、その窓口となって新選組の面倒をみたこともある。

文久三年（一八六三）には薩摩と提携して八月一八日のクーデターを断行、長州の過激派を京都から一掃する離れ業を演じた。

先見性に富み、会津藩上洛のおりは軍艦を使うよう進言したこともある。これは国家老の反対で実現しなかったが、時流を見るに敏で、薩長の志士とも積極的につき合い、薩摩の大久保利通とは昵懇《じっこん》の間柄だった。幕臣では勝海舟《かつかいしゅう》、福沢諭吉《ふくざわゆきち》、渋沢栄一《しぶさわえいいち》と交流があった。また駐日イギリス公使館の通訳で、一等書記官でもあったアーネスト・サトウに師事して英書を勉強し、西洋事情にも通じていた。

鳥羽伏見で敗れ、江戸に引き揚げるや和平工作を進め、主君容保の冤罪《えんざい》を訴えるために薩長新政府の大総督府に乗り込み、西郷隆盛《さいごうたかもり》に面会を求めた。奥羽鎮撫《ちんぶ》総督府が仙台に設置され、会津攻撃がはじまる時期である。

なんとしても戦争を阻止しなければならない。それが広沢の考えだった。しかし広沢は即、逮捕され、浜松藩（静岡県）の屯所に監禁された。それから各所を転々と移送され、伝馬町《てんまちょう》の獄舎につながれた。

会津戊辰戦争の辛酸を体験していない弱みもあったが、それゆえに新政府と交渉ができる。広沢の少参事起用は衆目の一致するところだった。

このとき四〇歳。斗南藩の命運は、広沢の双肩にずしりとかかった。

少参事　永岡久茂《ながおかひさしげ》（敬次郎《けいじろう》）
永岡は天保一一年（一八四〇）若松に生まれた。弁論に秀で、中国の歴史、地理、儒学、政経に明るい熱血の士である。藩校日新館、江戸昌平坂学問所のエリートコースを歩んだ。
鳥羽伏見の戦いで敗れ、会津に帰るや仙台に向かい、もっぱら奥羽越列藩同盟の結成に奔走した。鶴ヶ城が敵に包囲されたと聞くや、おりから仙台湾寒風沢《さぶさわ》に投錨《とうびょう》していた榎本武揚《えのもとたけあき》の艦隊に掛け合い、兵一〇〇を譲り受け、会津に帰ろうとした。だが会津まで来ると兵はことごとく逃亡、なすすべがなくなった。
一本の木で、誰が大家の傾くのを支えることができようか。奥羽越は兵馬で乱れてしまった。使者の私が涙を流して効なく、日は落ち、秋風が白石城に吹いている、という意味の詩を読んだ。

会津攻防戦のとき、永岡は一関《いちのせき》藩（岩手県）に援軍を依頼に行き、そのまま一関に潜伏していた。「永岡は雄弁にして折衝の才あり」として少参事に選ばれた。

下北に来るとき、永岡は壮大な夢を描いた。港の開発である。年齢三〇歳。生気が全身にあふれていた。田名部には母と妻が同行した。

斗南藩最高幹部は山川、広沢、永岡の三人だが、短期間少参事や五戸の責任者を務めた人々もいた。大参事山川浩をトップに、広沢安任、永岡久茂の二人の少参事が補佐し、天皇の命令を守り、国論にそって政治を進めるというものだった。

山川、広沢らの役職は正式には権大参事、権少参事であり、通常よりはワンランク下だった。大参事、少参事にふさわしい人がいれば、いつでも席を空けますというシグナルだった。年齢が若い山川である。年配者を統率するためには、そうした配慮も必要だった。

移住者への布告

山川は、斗南藩士に、「武士の時代は終わった。それぞれが家産を立て、農業、工業、商業いずれの業種であれ自主の民となるべきだ」と説いた。

明治新政府は会津人の反乱を恐れていた。このため田名部、三戸、五戸、野辺地、いたるところに政府の密偵の影があった。それを充分に計算しての布告だった。

また、父がいかなる高官であろうが、子どもが相続することはない。体が不自由な者、身寄りのない者は格別に援助したいが、何分にも全体の扶助が足りず、お互いに飢餓をしのがなければならない。親族や知人はこれを察し、相互に保護してもらいたい。旧来の位階はことごとく廃止するなども説いた。

しかし、理想と現実のあいだに、あまりにも大きな乖離《かいり》があった。自午の民はときの流れだろうが、日々の食事にもこと欠く現実をどうしてくれるのか。こうした事態を招いた原因はどこにあったのか。

上層部に責任はなかったのか。もっと異なる対応はなかったのか。そうした不満や疑問も渦《うず》巻いた。

移住に当たり、藩では一七万両を新政府から受けとっていたが、大半を移住費で使い果たし、農具代や病人の手当て、住居費などで借金はふくらむ一方だった。

会津では戦争中、城中で贋金《にせがね》をつくった。斗南でもそれがおこなわれ、露見して九四人が検挙され、一三〇人余が手配された。贋金は銀台に金メッキをほどこした代物だった。斗南の会津人は恥も外聞もなかった。日々の暮らしを立てるため、人々は、紙漉《かみす》き、傘張、提灯《ちょうちん》張、魚網づくり、機織、なんでもやった。

第八章　地獄の日々

半病人

人間は食べなければ生きられない。食べることが生活の原点だった。
野辺地《のへじ》から田名部《たなぶ》に入った柴五郎《しばごろう》の一家は、田名部の商人山本敬蔵の好意で、その知人坂本家の商家にとりあえず宿泊し、のちに向町の工藤林蔵の空き家を借りて生活をはじめた。斗南《となみ》藩（青森県）の大問題は米の不足だった。三万石は名ばかりで、実質は七〇〇〇石と算定され、食糧をほかの地区から集めなければ飢え死には必至だった。

五郎の兄太一郎は米の購入を命じられた。太一郎は函館《はこだて》に向かい、仲介者を通じてデンマーク領事ブリキストンから糧米を購入した。しかし仲介者の米倉某が、藩からの支払金を横領して逃亡する事件がもち上がった。

「なんたることか」

太一郎は地団駄を踏んで悔やしがったが、どうにもならない。斗南藩はブリキストンから訴訟を起こされ、太一郎は己の責任だとしてすべての罪をかぶり逮捕され、東京に護送された。

五郎の家はたちまち働き手を失った。かくて兄嫁のすみ子は、七年も留守を預かる羽目になった。これは一家にとってたいへんな誤算だった。

五郎一家の住まいは間口三間の店づくりで、六畳の二階と店と炉のある一〇畳の台所兼用の板敷きと納屋があった。部屋に畳はなく、障子はぼろぼろにやぶれていた。板敷きには筵《むしろ》を敷き、障子には米俵を縄で縛りつけてすごした。夏はいいだろうが、冬は地獄だった。

日々の食事は稗《ひえ》メシで、明治末になっても稗七分、米三分の「カテメシ」だったというから、もともとどうにもならない土地柄だった。米づくりが広がったのは大正年間に入ってからで、それでも比率は六分四分から五分五分だった。完全に米食となったのは昭和一〇年代以降である。

五郎の家では山に入って蕨《わらび》の根を集め、水にさらしてすすぎ、水の底にたまる澱粉《でんぷん》をとり出し、乾燥させて粉にし、これに米糠《こめぬか》をまぜ、塩をくわえて団子として焙《あぶ》って食べた。海辺で拾った昆布は真っ白になるまで真水でさらし、細かく刻んで乾燥させ、カマスや俵に入れて保存し、粥《かゆ》に入れて食べた。

ときには馬鈴薯《ばれいしょ》、大豆などをくわえて薄い粥をつくって食べた。これはたいへんな御馳走《ごちそう》だった。凶作があっても下北《しもきた》で餓死者が少なかったのは、海藻と蕨の根があるためだった。

地元の人々の食事も似たようなものだったが、違うのは味噌汁《みそしる》だった。地元の人は味噌汁に凝った。イワシの焼き干しでダシをとり、干した大根葉や菜っ葉を汁の具にし、季節によっては大根、馬鈴薯を汁の具にして食べた。五郎の家では味噌汁がなかったので、いっそう空腹感を強くした。

田名部の寒さは格別で、陸奥《むつ》湾から吹きつける北風が部屋を突き抜け、炉端でも零下一〇度、一五度がざらだった。粥は石のように凍り、これを溶かしてすする有様だった。

五郎の一家、父と兄嫁と五郎は布団もなく、藁《わら》にもぐって寝る始末で、五郎は熱病にかかり四〇日も動けず、一時はどうなるかわからなかった。ついには栄養失調で凍死寸前となり、髪の毛が抜けて、半病人になった。太一郎の不在が招いた極貧の暮らしだった。

生活費はどのようにしてかせいだか。父が習い覚えた網すきでわずかな手間賃をかせぎ、兄嫁は授産所で機織をして工賃をかせいだ。わずかな金額だった。

旧斗南藩領に残る柴五郎一家居住跡

五郎が犬を口にした話は有名である。寒さがゆるんだころ、猟師が来て、川の氷の上で遊んでいた犬を撃ったが、氷が薄くてわたれない。犬はそのままになった。この犬は近所の鍛冶《かじ》屋の飼い犬で、五郎は父にいわれて鍛冶屋にもらいに行った。ところがもう一人、会津《あいづ》人が鍛冶屋に行ってもらい受け、五郎の家と半分ずつわけ合った。

　その日から五郎の家の食事は毎日、塩で味つけした犬の肉になった。兄嫁は気味悪がって手をつけず、五郎は無理して口に入れたが、喉《のど》につかえて吐き気を催した。これを見て父が怒鳴った。

「武士の子たることを忘れしか。戦場にありて兵糧《ひょうろう》なければ、犬猫なりともこれを食らいついて戦うものぞ。ことに今回は賊軍に追われて辺地にきたれり。会津（福島県）の武士ども餓死して果てたるよと、薩長《さつちょう》の下郎どもに笑わるるは、のちの世までの恥辱《ちじょく》なり。ここは戦場なるぞ、会津の国辱《こくじょく》そそぐまでは戦場なるぞ」

語気荒くしかりつけた。五郎の父佐多蔵の考えは、陸奥に来た会津人に共通のものだった。このような事態におちいったのは、薩長との戦争に敗れたためである。いずれこの恨《うら》みは晴らしてやる。それまでは歯を食いしばって耐える。そういう負けじ魂だった。

絶望的な暮らしぶり

荒川類右衛門《あらかわるいえもん》は謹慎先の越後《えちご》高田《たかだ》で、会津藩再興の知らせを受け、家族名を提出するよう伝達があり、翌明治二年（一八六九）一一月、家族八人の名前を列記した。

一、進撃隊席御供番　荒川類右衛門　三八歳
一、同人妻　ミヨ　三二歳
一、長男　秀太郎　九歳
一、二男　乙次郎　六歳
一、三男　乙三郎　三歳
一、長女　サタ　一三歳

一、二女　　　　キチ　　　一一歳
一、母　　　　　カヨ　　　五九歳

三男はまだ三歳であり、年老いた母も抱え、前途多難が予測されたが、陸奥の地で家族揃《そろ》って生活ができると喜んだ。

斗南への移住が始まったのは、明治三年（一八七〇）四月である。荒川類右衛門の家族は新潟からの第三便で下北に向かった。

船はアメリカの貨客船ヤンシー号（一一八七トン）で、米二〇〇二俵、糧米三八三俵、計二三八五俵を積んで六月一九日に新潟を出港した。このときの乗客は一六九二人だった。田名部の田屋村に移住した荒川類右衛門の一家は、たちまち飢えに襲われ三男の乙三郎を栄養失調で失った。かわいい盛りだった。妻ミヨが袖《そで》をかさむしって号泣した。

明治四年（一八七一）二月、藩が建てた斗南ケ丘の新建《しんだて》に引っ越した。今度こそは開拓を進め、飢えからの脱却をはからなければならない。そう決心しての移住だった。ミヨも新生活にすべてをかけた。新建の土地は間口一五間、奥行一七間で、全体の坪数は二五五坪あった。屋敷は二間半に三間、別に雪隠《せっちん》があった。

なんとか冬をすごし、三月には藩庁に出向いて、糯粟《もちあわ》種二升、大豆種二升、芋種五升、奥戸《おこつぺ》馬一匹の貸与が決まった。うれしかった。これでどうにか自給できるめどが立った。あとは土地の割り当てである。土地が決まれば、馬を使って掘り起こすことができる。

五月六日、類右衛門は長男秀太郎をつれて田名部に出かけ、青毛の馬一頭を受けとった。藩庁の円通寺《えんつうじ》には若君の松平容大《まつだいらかたはる》（慶三郎《けいざぶろう》）がいて、三歳のその姿が愛らしかった。若松《わかまつ》の御薬園《おやくえん》で生まれた容大は、江戸詰小姓だった富田重光に抱えられて五戸《ごのへ》に移り、旧盛岡藩士三浦伝七方を仮住まいとし、五戸には五ヵ月ほど滞在したあと、円通寺に移ってきた。

円通寺の縁側には転落防止の柵を設け、山川浩《やまかわひろし》の母らがつきっきりで養育に当たった。遊び回るその姿が微笑《ほほえ》ましく、類右衛門は一礼し、みずからもがんばることを誓った。

類右衛門は馬を引いて斗南ケ丘に戻り、開墾《かいこん》をはじめた。しかし、状況はさらに悪くなった。五月には扶助米が減らされ、大人二合八勺になった。子どもの分も減らされた。さらに類右衛門の家では、貸与された馬が死んだ。類右衛門は茫然《ぼうぜん》として馬の死骸《しがい》に見入った。なにが原因で死んでしまったのか、馬に関する知識のない類右衛門にはわからなかった。

六月にようやく農地が割り当てられた。屋敷裏の一五間四方の土地である。大畑、野辺地からも五〇〇人ほどが入植した。容大が視察に訪れたのもこの時期だった。開拓を激励し、皆が鎌を一丁ずつ拝領した。女たちも容大に会うことを許され、褒美をたまわった。感激の一日だった。

斗南藩が廃止され、斗南県になるという噂《うわさ》が流れた。佩刀《はいとう》が禁止された段階から、いずれ藩が消滅するという予感が類右衛門にもあった。

もうなにを聞いても驚きはしなかった。

知人の笠尾八重八の家で家庭不和が生じ、類右衛門が出かけて諭したが、妻は冷え切っていて、どう説得してももとには戻らず、一家は離散となった。ここにいても将来に夢をもてない、若松に帰るというのだった。

笠尾の家には会津から持参した稲荷明神があった。笠尾は川に流すと叫《さけ》んだ。もはや会津も関係ないという心境だった。もったいないので類右衛門はこれをもらい受け、自分の屋敷に守護神として祭った。

七月二四日のことだった。妻の父、樋口安之丞が大病になり、危篤《きとく》だと連絡があった。義父の住まいは宿戸《しゅくのへ》、現在のむつ市川内《かわうち》町宿野部《しゅくのへ》である。斗南ケ丘からの距離は一〇里、四〇キロほどになる。

類右衛門の記録では未明に家族揃って出立し、昼ごろ川内に着き、昼飯を食べた。そして午後五時ごろ、やっと宿戸に着いたとある。斗南ケ丘から川内までは二〇キロ、川内から宿戸は一〇キロたらずである。時間はぴったり符合する。

義父は息を引きとる寸前だった。義父は二男の乙次郎をもらいたいといった。類右衛門がうなずくと「養子の願書に認めを押せ」という。認めを押してこれを読むと、大いに喜び、ほどなく絶命した。翌日、葬式をおこない、もう一泊して帰路についた。

この月、容大と山川が斗南ヶ丘を視察し、開拓の苦労をねぎらい、酒を配り、一人に二二五〇文を配った。

どんなにひもじくても、食べるだけでは人間とはいえない。どん底にある斗南藩をまともな藩にするのは、次の世代にたくすしかない。そのためには教育が必要だった。山川浩は学校を開いた。田名部学校である。誰しも自分の子どもの小学校入学は感動である。

子どもが人生、最初のスタート台に立つ日である。勉強してすくすくと育ってほしい。類右衛門もそれを願った。正式名称は斗南藩学校日新館《にっしんかん》で、田名部、五戸、三戸《さんのへ》に学校をおいた。類右衛門の長男秀太郎は成績がよく、先生から勝文《かつふみ》と名前をつけてもらい、毎日、登校した。

学校から帰ると秀太郎はよく米を搗《つ》いた。学校で習った書物を口ずさみながら重い杵《きね》を足で踏んでストン、ストンと落とすのである。その都度、垂れた前髪がぱさりぱさりと少年の額にかかった。

類右衛門は秀太郎によく阿新丸《くまわかまる》の話をした。年少の身で京都からはるばる佐渡《さど》まで父をしたって行き、そこで父が刑吏の手にかかって最期をとげたと聞くや、悲嘆の涙のあとから決然と仇討《かたきう》ちの意思を固め、苦心の末、仇を討って父の恨みを晴らすという物語は、秀太郎の血をわき立たせずにはおかなかった。

なに不自由のない侍の子だったが、一転して貧乏人の小倅《こせがれ》となった秀太郎に対して、類右衛門は勉強して身を立てよと励ました。

廃藩置県《はいはんちけん》

懸命な努力にもかかわらず、会津人にツキはなかった。斗南藩士に決定的な打撃を与えるできごとが明治四年夏に起こった。廃藩置県《はいはんちけん》である。それは斗南藩の消滅を意味した。二年もたたないうちに世の中は大転換をむかえたのである。

二月に幼君容大が五戸から田名部に移り、なんとか藩士たちを勇気づけようと下北半島を巡回した。容大のかわいらしい姿に人々は感激したが、それはひとときの喜びでしかなかった。五ヵ月後の七月に斗南藩が消滅して斗南県になり、その二ヵ月後には斗南県も消滅、青森県になるという大変革だった。

「なんのためにこれほどの苦労をしてきたのか」

永岡久茂《ながおかひさしげ》はうめき声をあげ、山川もブルブルと身体をふるわせ、人々の口からは、

「大久保利通《おおくぼとしみち》を殺してやる」

という声さえもれた。

広沢安任《ひろさわやすとう》の脳裏に、不吉な予感がよぎった。あまりにもひどい生活のため、体制への怒りが爆発、テロ行為に走る者が出るのでは、という危惧《きぐ》である。永岡久茂は、酒が入ると、薩長藩閥政府への批判を口にし、

「いつの日か奴らをたたき斬《き》ってやる」

と吠《ほ》えるようにうめいた。

「めったなことを口に出すな。軽挙妄動はつつしみたまえ」

広沢はその都度、厳しくたしなめたが、永岡は誰はばかることなく公言した。永岡の怒りは当然だった。明治新政府の財源は、東北、越後が負担していたからである。

会津藩を筆頭に奥羽越列藩同盟《おううえつれつぱんどうめい》にくわわった諸藩は財産を大幅に没収され、新政府の高位高官の恩賞もそこから捻出《ねんしゅつ》されていた。

奥羽、越後一九藩、関東の四藩、その他二藩から没収した石高は一〇八万三四〇〇石だった。会津藩は二八万石すべてを没収され、新たに斗南三万石を支給されたので二五万石の没収だったが、斗南の三万石は実質七〇〇〇石という見方もあり、すべてを奪われたといってよかった。斗南藩のどん底の暮らしは、明治新政府の略奪によるものだった。

戊辰《ぼしん》戦争で戦功のあった藩に賞典禄《しょうてんろく》が下付された。薩摩《さつま》藩主と長州《ちょうしゅう》藩主には永世賞典禄一〇万石が与えられ、西郷隆盛《さいごうたかもり》には最高二〇〇〇石が与えられ、木戸孝允《きどたかよし》や大久保も一八〇〇石が下付された。栄華をきわめる新政府の財政を負担したのが東北というのは、慚愧《ざんき》に堪えなかった。それを見越して無理やり戦争に追い込んだのか。この事実をもっと掘り下げる必要がありそうだった。

しかし勝利した諸藩もじつは財政が火の車だった。薩摩（鹿児島県）、長州（山口県）も例外ではなかった。東京に出た政府高官は大名格の生活だったが、地元は違っていた。

各藩とも戊辰戦争で使った莫大な戦費により財政が破綻《はたん》、一般兵士の恩賞までは手がまわらず出征兵士に不満が渦《うず》巻いた。これに百姓一揆《いっき》もくわわり、藩の維持が困難になっていた。

そこで長州藩は思い切った処置に出た。奇兵隊《きへいたい》、遊撃隊《ゆうげきたい》などの部隊の縮小、再編である。これに隊員が猛反発し、約二〇〇〇人が脱走して、藩庁をとり巻き、一触即発の緊迫状態となった。これが萩《はぎ》の乱や西南戦争の遠因になった。

このため藩を廃止し、天皇を頂点とする郡県制度の設置が急務となっていた。長州の木戸孝允と薩摩の寺島宗則《てらじまむねのり》がこれを積極的に進めた。寺島は二度の遣欧使節で、外国事情を学んでいた。天皇に忠節をつくすためには、諸侯がその封地を朝廷に奉還し、みずから「庶人」となることが大事だと主張した。寺島はのちに元老院議員、枢密顧問官を務めている。

木戸は明治政府の中央集権を強化するため、日本全土の大名領を天皇の直轄地《ちょつかつち》にすべきと主張した。版籍奉還《はんせきほうかん》である。廃藩置県につながる措置となったこの計画は急ピッチに進行し、明治二年五月一六日の段階で、版籍奉還実施の原案が在京中の薩摩、長州、土佐《とさ》(高知県)、肥前《ひぜん》佐賀の四藩に示された。これはトップレベルの機密事項である。

版籍奉還の具体的中身は「藩主を知事に任じ、従来の領地を守護させるが、土地人民は国家のものであり、知事の私有ではない。知事と家臣も旧来の主従関係にない」というもので、国家も人民も中央政府が統治するという内容だった。これが実施されれば、斗南藩主松平容大と山川ら家臣たちの主従関係も消滅する。

この動きは急速に進み、盛岡藩は自主的に廃藩を申し出た。盛岡藩は二〇万石を一三万石に削減され、仙台藩領の白石《しろいし》に移封を命ぜられていたが、新政府に七〇万両の献金をする約束で、移封をまぬがれたのだ。しかし七〇万両の資金調達のメドが立たず、明治三年五月、藩主南部利恭《なんぶとしゆき》が免職願いを上表した。

この新事態にどう対応するか。山川と広沢は情報の分析と生きる道の模索に全力をつくしていた。

松平容保《かたもり》、下北に入る

版籍奉還をどう説明するか、これはたいへんなことだった。いずれ藩が消滅するということであれば、無理して斗南藩を創設する必要もなかった。全員、帰農して若松の周辺に住み着けばよかったではないか。そうした声もあからさまに出た。しかし、すべては予測のつかないことであり、山川を責めても仕方がないことだった。

しかし、これをすべての人が理解することは困難だった。ここは主君松平容保《かたもり》の出番であった。

このとき、主君容保は、東京日比谷《ひびや》公園のそばにあった旧狭山《さやま》藩（大阪府）の知事宅に居住していた。会津に同情する諸藩から月々、見舞金も寄せられ、なんとか暮らしていた。山川の要請で容保が下北に入ったのは、廃藩置県が決まった直後の七月二〇日だった。養子の喜徳《のぶのり》と東京から汽船で函館にわたり、そこから船で下北半島の佐《さ》井《い》に入港した。山川は佐井の港で容保一行をむかえた。

明治期の松平容保

沿道には旧家臣が集まり、いたるところで涙、涙の光景が見られた。旧会津藩士にとって、主君容保は、いまなお絶対の存在であった。

容保は権力者ではなかった。暴君でもなかった。穏和な主君であった。ときには歯がゆいこともあった。鳥羽伏見《とばふしみ》の戦いのとき、容保は戦っている将兵たちを見捨てて江戸に逃れた。将軍徳川慶喜《とくがわよしのぶ》の命令とはいえ、「主君にあるまじき行為」と非難の声がわいた。

このとき、傷つき、敗れて帰った将兵たちの前で、容保は己の非を認め、率直に謝った。将兵たちはこのやさしさに感動し、ふたたび結束を固め、戦いに入った。非情に徹し切れない容保の弱さが、会津藩を敗北に追い込んだという見方もある。歴史に「もしもあのとき」は許されないが、鳥羽伏見の戦いのとき、容保があくまでも大坂にとどまり、城を枕に戦えば、戦況はどうなっていたかわからなかった。

容保にも言葉にならない、数々の苦しみがあった。田名部の円通寺には大勢の人々が集まっていた。目の前の容保は一段と皺《しわ》が深くなり、苦渋に満ちた表情だった。それを見るのがつらかった。

西南諸藩は藩公を、旧体制のシンボルとして排撃したが、会津藩はどのような状況になろうと、主君への畏敬《いけい》の念は変わらなかった。会津ならではの倫理、道徳、美学であった。

円通寺の境内に、うめき声が起こった。主君をむかえる礼服などあるはずもない。皆、みすぼらしい野良着姿である。お互い、哀れな境遇に手をとり合って涙した。容保も家臣たちのあまりの貧しさに嗚咽《おえつ》するばかりだった。

『大間町沿革史年表』にこのときの日程が書いてある。容保は、七月二〇日に田名部に入り、家臣たちは万感の思いで容保をむかえた。容大とも初めての対面であり、その光景を皆、涙して見つめた。

容保はこの日から一ヵ月間、円通寺にいた。家臣たちが、ひっきりなしに円通寺を訪ね、容保に挨拶《あいさつ》した。

別れの布告

いよいよ別れのときが来た。

約一ヵ月、円通寺に滞在した容保は八月二四日、容大の名義で、旧臣たちに別れの布告をした。


この度、余ら東京に召され、永々汝《なんじ》らと艱苦《かんく》を共にするを得ざるは、情において堪え難く候えども公儀の思召在所《おぼしめしある》、やむを得ざる所に候。

これまで賤齢《せんれい》をもって重き職を奉じ、遂にお咎めも蒙らざるは、畢竟《ひっきょう》汝ら艱苦に堪えて奮励せしが故と歓喜このことに候。

この末ますます御趣意に遵《したが》い奉り、各身を労し、心を苦しめ天地罔極《てんちもうきょく》の恩沢《おんたく》に報い奉り候儀、余が望む所なり。

と悲痛なうめき声があちこちから起こり、やがて男たちは声をあげて泣き、感きわまって地べたに伏す者もいた。それはあまりにも悲しい光景であった。

翌日、容保親子は田名部を出立し、沿道に土下座する移住者を慰撫《いぶ》しながら野辺地、七戸《なのへ》、三本木《さんぼんぎ》、五戸をとおり、八戸《はちのへ》から汽船で東京に戻っていった。

容保は各地で次のように挨拶した。

「余の真意は、布告のとおりである。余のために斗南藩をつくろうとした諸君たちのことを考えると、今回の廃藩置県は、胸が引きちぎられる思いである。今後のことについては山川、広沢、永岡らが考えてくれよう。戦いで生命を落とした三〇〇〇の将兵のためにもなんとか生きてほしい。諸君たちに幸せが訪れるよう願う。なにもしてやれない容保を許せ」

旧臣たちは涙、涙であった。これが永遠の別れになるに違いない。人々はどこまでもどこまでも、容保を追った。

野辺地では家老倉沢平治右衛門、三戸では内藤介右衛門《ないとうすけえもん》が出むかえた。倉沢も内藤も感動のあまり、言葉が出ず、容保もまた目に涙を浮かべ、ただただうなずくばかりであった。八戸の港では山川が一礼し、広沢と永岡がじっと容保を見つめた。主従の目は潤み、大粒の涙がとめどなく流れた。

やがて容保を乗せた蒸気船は黒煙をあげ、東京を目指した。埠頭《ふとう》に集まった人々は、汽船が視界から消えるまで、頭をかきむしって泣き続けた。

勝てば官軍、負ければ賊軍か。

山川はこの言葉を心のなかでつぶやきながら、一つの時代がはっきり終わったことを知った。旧会津藩士が身を寄せる安住の地は、もうどこにもないのだ。これからは一人一人がおのれの責任で生きるしかなかった。

悲報相次ぐ

容保が去った日から藩士たちの顔は暗く、身体は細くなり、皆、頭を抱えて座り込んだ。下北半島の佐井村では贋金《にせがね》事件が起こり、七人が捕らえられ、うち六人が田名部で斬首された。じつに悲惨だった。密偵が入っており、見せしめの斬首だった。

「ちくしょう」

人々は、歯ぎしりした。

同じ佐井村から二〇世帯ほどが職を求めて離脱した。北海道にわたる者、会津に帰る者、下北の生活に見切りをつけ、一人、二人とこの地を去って行った。

会津に近い白河《しらかわ》の白坂村《しらさか》（福島県白河市）で殺人事件が発生した。犯人の懐中から斗南藩の藩札が出てきた。事態を重く見た山川は、刑法掛を白河に派遣し、状況を調べさせた。

報告を聞いて山川は愕然《がくぜん》とした。犯人の田辺軍次は二〇代の若者だった。軍次は会津戊辰戦争に敗れた原因は、白河口の戦いにあると、敵を案内した白坂村の大平八郎《おおひらはちろう》に天誅《てんちゅう》をくわえるべく出奔した。

八月上旬、一ヵ月近い無銭旅行の末に白河にたどり着き、憎き大平八郎の様子を聞くと、会津追討の功績で表彰され、いまや運送業を営み、村の顔役になっていた。

軍次は大平をさがし出し、

「野郎、生かしてはおけぬ、会津藩士田辺軍次、汝の不恩不義を天に代わって成敗する」

と刀を抜き、右頭から左耳に斬りつけた。大平は悲鳴をあげて逃げまどい、村役人の重左衛門が加勢したが、誤って大平を刺す始末、これを見た軍次は間髪を入れず、大平の首をはねた。人々はひそかに喝采《かっさい》した。

白河県庁に対する山川の回答は、

「その者は斗南藩士にあらず。耶麻《やま》郡塩川《しおかわ》村（福島県喜多方《きたかた》市）の肝煎《きもいり》某の二男なり」

と関知しない態度をとった。

軍次も会津武士、このあと自刃して果てていた。これ以上会津がにらまれては、どのような災難が降りかかるかも知れない、との判断だった。

山川ら旧斗南藩首脳は軍次の心情に深く同情し、その行為を責める者は一人もいなかった。

斗南ケ丘の類右衛門の家族に突然、悲しみが襲った。

斗南の財政はいよいよ底をつき、藩米の支給が減り、各地で栄養失調で亡くなる人が続出した。その最中の八月八日、類右衛門の母が病死した。一〇日ほど前から母の全身が腫《は》れ、気分がすぐれなかった。家族が交替で看病につとめたが、急に重体になり朝五ツ半（午前九時）ごろより意識が薄れかかった。医者もいない土地なので、いかんともしがたく、この夜は寝ずに看病した。

夜あけて少々、粥を食べたので、少しは快方に向かったと喜び、かねてオハギを好んだので、ただちに用意にとり掛かったところ、にわかに意識がなくなり、呼べど叫べど答えなかった。隣家より気付薬を持参、口にふくませたが、効果はなく、家内あげて悲嘆の涙、泣くよりほかはなかった。

「ああ悲しいかな。無常の風に誘われ給《たま》い、黄泉《よみ》の客となり給う。さりとて帰らぬことなれば、まずダンゴ、オハギを御供とす。これ九日昼四ツ半時のころなり」

類右衛門は『明治日誌』にこう記した。この下北の地に来なければ、類右衛門の母は、もっと長生きしたに違いなかった。

母の死を悲しむいとまもなく収穫の時期が来た。しかし、収穫はほとんどなかった。糯粟や大根は隣家の馬に食われてしまい、なにもなくなっていた。

明治政府の重大犯罪

明治四年一〇月、府県制度が制定され、青森県が生まれた。県令（知事）は弘前県《ひろさき》（青森県）の大参事であった野田豁通《のだひろみち》だった。

野田は熊本藩士で、横井小楠《よこいしょうなん》の門下生で、戊辰戦争では熊本藩の軍事参謀を務めた。弘化《こうか》元年（一八四四）の生まれなので、このとき、二〇代のなかば、山川と同年代だった。県令が薩摩、長州でないことが、会津にとって幸運だった。

弘前から青森への移転は、青森が本州と北海道をつなぐ交通の要衝として認められたためだった。野田の行政手腕は未知数だったが、大蔵卿《きょう》大久保利通の訓令もあって、着任早々から積極的に旧斗南藩士の救済に乗り出した。

青森県庁の最大の特色は、旧斗南県職員をできるだけ多く採用したことである。東京事務所長の梶原平馬《かじわらへいま》が庶務課長に任命され、山川は田名部支庁長、永岡が田名部支庁大属、小出鉄之助、小川渉《おがわわたる》、野口九郎太夫、水島純、沖津醇、沢三郎、大庭恭平ら二〇人ほども青森県庁の職員に採用された。

当初の機構は八十数人と小規模なものであり、そこにこれだけの会津人が県庁入りしたことは異例ともいえた。薩長土肥と弘前藩の出身者に主要ポストを占められるなかで、いまでいえば秘書課長兼総務課長といった庶務課長に梶原をすえたことは、旧斗南藩士の不満をそらす意味もあったろう。八戸藩人参事の太田広城《おおたひろき》は三戸支庁詰になった。

このころ、野田豁通県令が大蔵省に提出した旧斗南藩に関する次のような報告書がある。

「三三〇〇ほどは各所出稼ぎあるいは離散の由にて、当時在籍およそ一万四〇〇〇人余のうち老年ならびに病疾の者六〇二七人、幼年の者一六二二人、男子壮健の者二三七八人ほどの見込み」（『青森県史』）

一万四〇〇〇人のうち、壮健の者がたった二三七八人というのだから、ひどすぎる数字だった。長州の木戸孝允の考えは、会津人を自然淘汰《しぜんとうた》させることだった。その思惑は見事に成功した。これが当時の明治政府のやり方だった。これはもう重大な犯罪だった。

山川や広沢は、野田豁通になお一層の救済をせまった。

「老人や病人が六〇〇〇人もいる。なぜ我々が若松に住むことができなかったのか、新政府の会津に対する報復が、こうした事態を招いた」

「なんとかなるだろうと、安易に考えた我々にも落ち度はある。しかし、このような状況におちいった根本原因は新政府の冷酷なやり方にある」

山川や広沢は強く主張した。野田豁通も率直にそれを認め、解決の姿勢を示した。野田が大久保利通と折衝し、立案した最終案は次のようなものだった。

一、明治六年（一八七三）三月限り手当米は廃止する。
二、斗南ケ丘、松ケ丘の開拓は中止する。家業は農工商各自自由とする。
三、ほかに移る希望の者は一人につき米二俵、金二円、資本として一戸につき金一〇円を支給する。
四、管内で自立を希望する者へは一人につき米五俵、金五円、一戸につき資本として五円を給与する。
五、開拓場は三本木一カ所に定める。
六、開拓場に移転を希望する者は、永住を覚悟し、農業をおこなう旨、誓書を出す。ただし一戸のなかに強壮な男子一人がいなければ、許可しない。
七、男子がいなくても一戸のなかに強壮な婦人が二人以上いて、病人や障害者がいない場合は検査の上、許可する。

なんと各自勝手たるべしというのが、会津人に対する最終処分だった。会津藩の再興を夢見て斗南藩の創設に当たった一万七〇〇〇余人の会津藩の関係者は、生きる糧《かて》を求めて全国に散らばっていった。

旧藩士たちはそれぞれが新しい生活を選択した。資本といっても支給されるのはスズメの涙である。病人を抱え、やむなく下北にとどまる者もいた。元会津藩士という身分をかくし、日雇労務者をしながら細々と暮らす人もいた。

『むつ市史』近代編によると、旧斗南藩士の移転先は、やはり郷里の若松県が多く、八五四戸、東京府五二戸、新潟県一一戸、開拓使（北海道）九戸、福島県八戸、京都府七戸、神奈川県四戸、木更津《きさらづ》県（千葉県）三戸、栃木県二戸、八戸県（青森県）二戸、印旛《いんば》県（千葉県）二戸、静岡県一戸、宮城県一戸、白川県（熊本県）一戸、千葉県一戸、岩手県一戸、その他九戸などとなっていた。

若松に大勢の人が戻ったことになる。ただし若松に戻ったところで、住まいも土地もなく、日雇いで暮らす日々だった。

雪の下敷き

荒川類右衛門は春を期して三本木に移住し、新たな開墾に当たることにした。

移住したきっかけはこの年の冬の大雪だった。一一月八日に大雪が降り、烈風が吹きまくった。斗南ヶ丘は恐山《おそれざん》の裾野である。恐山の南東に位置する釜臥山《かまぶせ》から疾風が吹き寄せ、ほとんど安眠ができなかった。家の板は吹き飛ばされ、屋上に木羽《こば》押さえに置いた石が転がり落ちた。

一二月五日の夜は特別だった。夕刻から風は激しさを増し、夜半には暴風となった。家の冬囲いの丸太五本が一度に折れ、外の障子も四本、皆折れ、屋上の木羽板はすべてはがれ、押さえの石が座敷に落下した。

家のなかは雪でうまり、家人全員、あわや凍死寸前だった。布団をかぶり外に出てみて仰天した。積雪は五尺（約一五〇センチメートル）にも達し、家はつぶれる寸前である。皆裸足で一五間離れた隣の山本家に駆け込み、助けを求めた。

「はやく入れ、障子が飛ぶ」

と山本が叫んだ。皆で力をあわせ、障子をおさえた。夜明けになって、ようやく風がおさまった。斗南ヶ丘の住居は惨澹《さんたん》たる有様で、長屋の破損はひどく、老人や子どもが雪の下敷きになり命を落とした。

もはやここには住めない。類右衛門は絶望感にとらわれた。

すべてを明治政府のせいにするのは、おかしいという意見も地元にあった。もともと徹底抗戦をしたことが原因であり、斗南の悲劇もみずから招いたことではないかというのだった。

移住した旧会津藩士の記録のなかには、往々にして、下北の生活をさげすむかのような記述を見受けるが、下北の人々からこの地で生き抜く術を充分に学びとれなかったことが、一層の困窮と多くの離散を招いた原因の一つだった。

類右衛門はどうすべきか迷った。しかし若松に戻っても生活のメドが立たないので、三本木に移住を希望し、生活資金六〇円を受けとった。

東京に集う会津藩士たち

柴五郎は青森県の給仕に採用され、一筋の光がさした。

明治四年一二月、五郎は山川から激励されて青森に向かった。県庁から路銀一両が支給され、襦袢《じゅばん》（肌着）、綿入れ羽織、袴《はかま》、小刀一振りの支度が整い、行李《こうり》（旅人用の荷物入れ）に着替えや手ぬぐい、紙などを入れて、十文字に結び、父からおくられた蝦蟇口《がまぐち》を麻紐《あさひも》で首にかけ、これに一両一分一朱を入れた。一分は父、一朱は富商山本敬蔵からの餞別《せんべつ》だった。

「ひとかどの修業をいたさねば、ふたたび家にもどりませぬ」

五郎が両手をついて挨拶すると、父は声もなくうなずき、兄嫁は忍び泣いた。五郎、一三歳の冬だった。このとき、五郎は県庁が用意してくれた駅馬に乗せられ、馬子に引かれて、出発した。

初日は田名部から六里離れた横浜の漁村に泊まった。ここで白米の夕食が出て、あまりのおいしさに仰天した。掛け布団、敷き布団もあり、本当にこれで寝てもいいのか躊躇《ちゆうちよ》した。

横浜から野辺地までの六里はきつかった。

凍てつく烈風が吹きまくり、凍死する旅人がざらにいた。死出の旅路、地獄浜といった。海が道路にせまっていて、その飛沫《しぶき》をあびると一瞬にして凍り、下手をすれば凍死した。五郎は熊の毛皮と犬の毛皮をかぶったので、寒さは感じなかった。冬の下北は、そういうところだった。

青森に出た五郎は野田豁通の邸宅で家僕《かぼく》として働き、月給二円をもらって勉強し、東京に出る機会をねらった。この辺が並の少年とは違うところだった。

給仕から県庁の職員になれば、将来、家族をもつこともできた。父を呼ぶことも不可能ではなかったろう。しかし五郎は違っていた。野田に頼んで上京の機会をねらった。このままでは一生、小間使いである。どうしても上の学校に進みたかった。

その機会が訪れたのは翌年五月末だった。東北地方巡回のため大蔵省の役人がやってきた。そのなかに大蔵省七等出仕の長岡重弘と大蔵属《さかん》市川正寧がいた。五郎は長岡と市川に東京まで連れていってくれと依頼した。

「当てがあるのか」

と聞かれたので、知っている人の名前を全部あげた。兄の四朗《しろう》、親戚の木村丑徳、兄の親友の秋月悌次郎《あきづきていじろう》、手代木直右衛門《てしろぎすぐえもん》らである。

「いかようにも世話してくれるはずなり」

と答えた。誰とも連絡はとっていないし、当てはまったくなかった。

五郎は月給の大半を野田に預けていた。それが九円五〇銭になった。田名部を出るとき、ふところにあった一両一分一朱もそのまま貯金してあり、それを合わせると半年足らずで一〇円八〇銭余もたまった。

兄の友人たちに保証引受人になってもらい、その書面を野田や長岡に見せた。明治五年（一八七二）六月初旬、五郎は野田の了解をもらい、長岡らと東京に向かった。

青森から東京までは大旅行だった。野辺地に泊まり、五戸に泊まり、三戸に泊まり、盛岡では一ヵ月滞在するといった具合だった。長岡らは毎日、岩手県庁に出かけ、五郎は長岡の従者から算術と読書を習った。

それから黒沢尻《くろさわじり》、水沢《みずさわ》、一関《いちのせき》を経て宮城県に入り、松島《まつしま》に泊まり、仙台に二泊した。

五郎は積極的な少年だった。斗南の藩学校で漢文を教わった漢学者黒沢亀之進が仙台にいることを思い出し、訪ねて行って、餞別一円をもらった。このたくましさには感心する。

福島県には一〇日ほど滞在し、東京に入った。だが、なんということだろうか。東京の街角でばったり青森県令の野田豁通に出会ったのである。

「どうしたのですか」

五郎は驚いた。

「県庁はやめたのだ」

と野田がいい、

「訪ねてこい」

と東京の住所を教えてくれた。どうやら野田はなんらかの事情で浪人になったようだった。浪人の野田に頼ることはできない。すると野田は旧斗南の重臣永岡久茂に手紙を書き、

「相談せよ」

といってくれた。永岡も山川と一緒に東京に出ていた。

第九章　二つの道

会津《あいづ》家老の没落

柴五郎《しばごろう》は永岡久茂《ながおかひさしげ》の家を訪ねた。

「とても面倒はみられぬ、山川浩《やまかわひろし》の家に行け」

と永岡はいった。五郎はいわれるままに山川の家に向かった。山川の住まいは浅草区永住町《ながずみ》（台東区元浅草）の観蔵院の一室にあった。母と妹の常盤《ときわ》の二人家族で、弟の健次郎《けんじろう》と妹の捨松《すてまつ》はアメリカに留学していた。健次郎は北海道開拓使から留学生に選ばれて、明治四年（一八七一）正月元旦、黒田清隆《くろだきよたか》に引率されて訪米した。若者を留学させて、開拓を学ばせるという黒田の英断だった。

従来、国費留学生は薩摩《さつま》（鹿児島県）、長州《ちょうしゅう》（山口県）に限られていたが、「賊軍の師弟も入れよ」という黒田の一喝で健次郎の留学が決まった。健次郎はアメリカの名門、エール大学に入るべく東部のニューヘブンの街に住んでいた。

女子の留学にも踏み切り、その一人に捨松が選ばれた。おなごが留学などとんでもないと、皆、しり込みした。五人しか集まらず、そこに捨松の名前があった。有名な津田《つだ》梅子《うめこ》が一緒だった。

ほかの姉妹も二葉《ふたば》は近所に住み、小出鉄之助と結婚していた操《みさお》は北海道にわたった。三輪《みわ》は夫の桜井政衛と青森に残った。

山川の家には居候が何人もいた。どこにも住むところがなく転がり込んだ五郎に、山川の母が救いの手をさしのべた。

「まあ、気の毒になあ」

山川の母は、よれよれの五郎を見て捨松の袷《あわせ》をとり出して着せてくれた。こうして五郎の山川家での居候生活がはじまった。もっていた金は山川の母に預けた。

五郎の仕事は浅草鳥越《とりごえ》の質屋に受け入れに行くことだった。満足な食事も出ず、家族が食べる食事は豆腐と煮豆だった。五郎は三銭、四銭と豆を買いに行かされ、竹皮に包んで持ち帰った。ある日のことだった。

「まことに気の毒だが、われらの窮乏いかんともしがたい。預かった金を借用したい」

と山川の母からいわれた。元会津《あいづ》藩（福島県）の家老の身でありながら、下僕同然の自分に、借金を申し入れたことに五郎は驚いた。よくよく困っているに違いない。

「どうぞ、お使いください」

というと、山川の母は目に涙を浮かべて喜び、礼をいった。預けた金額は青森時代から蓄えてきた一三円五〇銭だった。あとで母からそのことを聞いた山川は、唇をかんで嗚咽《おえつ》した。

山川は、心中、ひそかに期するものがあった。薩長《さつちよう》藩閥政府の打倒である。薩長に不満を抱く人々を結集して、武力蜂起《ほうき》するというものだった。これ以上、我慢はできなかった。下北《しもきた》の山野に朽ちていった何千という同胞の仇《かたき》を討つ決意だった。

山川や永岡の周辺にはいつも密偵の影があった。新政府にとって二人は要警戒人物だった。下北に残り、牧畜をはじめた広沢安任《ひろさわやすとう》でさえ、密偵につきまとわれていた。反政府運動を起こす不逞《ふてい》の輩《やから》がいるとすれば、会津人だという先入観があった。

それは事実だった。山川と永岡は虎視《こし》眈々《たんたん》と政府転覆を狙《ねら》っていた。

維新転覆計画

山川たちの怒りは半端ではなかった。斗南《となみ》藩（青森県）の大参事として、なんら成果をあげられず、こうした事態になった責任も痛感していた。会津の若者は勉学の場も奪われ、路頭に迷っている。若松《わかまつ》に戻っても住む家も田畑もなく、日雇いで飢えをしのいでいる。下北に残った者は相変わらずどん底の苦しみにあえいでいる。

自分の命はどうなってもいい。この惨澹《さんたん》たる実状を天下に知らしめ、西郷隆盛《さいごうたかもり》や大《おお》久保利通《くぼとしみち》、木戸孝允《きどたかよし》らに鉄槌《てっつい》をくだすのだ。山川と永岡は必死だった。もとより決死の覚悟である。蜂起すれば、斬首は間違いない。それでもまったく悔いはない。そう決心していた。

この時期の山川の周辺を記述した注目すべき論文がある。落合弘樹《おちあいひろき》「密偵・荘村省三と不平士族」（佐々木克編『それぞれの明治維新』吉川弘文館）である。荘村は政府の密偵で、山川の周辺をいつもかぎ回っていた。この男、仕事は密偵、よくいえば情報の収集だった。熊本の男で、このとき太政官少史《だじょうかん》という役職だった。

荘村の狙いは山川だった。山川が東京に出た時点からマークしていた。そんなおり、山川のことを荘村に垂れ込んだ男がいた。旧松前藩《まつまえ》（北海道）の下国東七郎《したくにとうしちろう》である。

山川が「大隈重信《おおくましげのぶ》や井上馨《いのうえかおる》らを排斥すれば、天下に一騒動あり」とささやき、鹿児島に向かったと荘村に告げた。これは事実だった。

どうして下国が、そのことを知っていたのか。下国は幕末に政変を起こして、松前藩の幕府派を一掃して藩の実権を握り、箱館《はこだて》戦争後、館《たて》藩（松前藩改称）の大参事を務めた男だった。

ところが廃藩置県《はいはんちけん》後は放浪の暮らしに転落し、金に困って公金をもち逃げするなど素行がよくなかった。下国は青森県から山川に関する情報を得たらしかった。

山川は薩摩の高崎五六《たかさきごろく》を通じて、参議で財務担当の大隈重信に接近し、旧斗南藩士の救済を願い出ていた。大隈は肥前《ひぜん》佐賀藩士である。のちに早稲田大学を創設する人物である。しかし大隈は山川の申し出に難色を示した。参議はほかに木戸孝允、西郷隆盛、大久保利通、板垣退助《いたがきたいすけ》、江藤新平《えとうしんぺい》らの顔が並ぶ。大隈以上に救済の期待ができなかった。

大隈に嘆願を拒否された山川は、「薩摩に入り、事を議す」と鹿児島に入った。このとき、鹿児島県参事大山綱良《おおやまつなよし》と一緒だった。

鹿児島潜入

山川は大胆不敵《だいたんふてき》、敵の本丸、鹿児島に潜入した。

「山川は外国人に多額の借金があり、催促をさけるために鹿児島に逃れた」

という説もあったが、そうではなかった。

山川が鹿児島で頼ったのは海江田信義《かいえだのぶよし》（武次）だった。通称有村俊斎《ありむらしゅんさい》、有名な有村三兄弟の長男で、生麦《なまむぎ》事件では奈良原喜左衛門《ならはらきざえもん》が斬ったイギリス人のとどめを刺し、寺田屋事件でも活躍し、戊辰《ぼしん》戦争では東海道先鋒総督参謀《とうかいどうせんぽうそうとくさんぼう》として江戸城受けとりの大役をはたした人物である。

薩摩出身の文豪海音寺潮五郎《かいおんじちょうごろう》が「禍《わざわい》の種」という一文に海江田を書いている。

「海江田武次―有村俊斎という男は、硬骨で勇敢で、一本気で、強いことがなにより好きで、典型的な薩摩隼人《はやと》ですが、頭はあまりよくないのです。それは、世間には、野にあるあいだは権威筋にたいして倨傲《きょごう》で、いかにも反権威主義が旺盛《おうせい》のように見えるけど、ひとたび権威につらなる地位につくと、権威者にたいするもっとも忠実な奉仕者になる人がよくいるものですが、その類の人間でもあったようです」

と主君島津久光《しまづひさみつ》の腰巾着《こしぎんちゃく》だったと評した。山川はその腰巾着に目をつけたのかも知れなかった。

電撃的な廃藩置県にもっとも反対したのは、この島津久光だった。東京から知らせを受けた久光は激怒し、錦江湾《きんこう》に花火を打ちあげて不満の意を表した。領主は東京に出るべしという知らせも拒絶し、士族に充分な家禄《かろく》を与えなければ騒乱が起こると周囲に当たり散らし、大荒れに荒れた。ようするに藩をつぶすのはけしからん、自分は鹿児島県令に就き、薩摩を統治すると叫んでいた。

山川は騒ぎを大きくすれば、全国に反乱の風が吹く可能性もあると踏んだ。海江田と何を話し込んだのか、それはわからないが、山川の配下には、いざとなれば決起する何百人、いや何千人の会津人がおり、物騒な話も交わされたに違いない。

山川という男、ただものではない。不平士族と結託し、反乱を起こさんとしていた。

谷干城《たにたてき》の懐柔

そんな山川に声を掛けた男がいた。土佐（高知県）出身の陸軍大佐谷干城《たにたてき》である。谷は会津戊辰戦争のとき、日光口の司令官だった。山川は日光口の副総督で、神出鬼没のゲリラ戦を展開し、谷を大いに苦しめた。総督は旧幕府歩兵奉行の大鳥圭介《おおとりけいすけ》だった。あるとき、旧幕府の下士官、加藤麟三郎が負傷して捕らわれ、谷がみずから取り調べたことがあった。

「近ごろ、会津がよく戦うが、隊長は誰か」

と谷が尋問した。

「大鳥総督と幕兵だけでは戦えぬので、会津から山川大蔵《おおくら》という人が、副総督として来ている。オロシャ（ロシア）に行ったこともあり、きわめて信望が厚い」

加藤はこのように答えた。

会津と土佐は元来、仲がよく、京都では友好関係を保っていた。鳥羽伏見《とばふしみ》の開戦の際、土佐は最後まで慎重な姿勢をくずさず、若松の籠城《ろうじょう》戦の際も、幕引きをしたのは土佐だった。谷の脳裏には、いつも山川の姿があった。

谷は天保《てんぽう》八年（一八三七）の生まれなので、山川より八歳上の二六歳である。このころ、陸軍裁判所所長の任にあり、公平な裁きで信が厚く、陸軍部内にそれなりの人脈も築いていた。

　陸奥《むつ》での開拓に失敗し、山川が東京に出てきたことを知った谷は、山川に面会を求めた。あるいは、不平士族と結託し、ことを起こさんとしていることを知った政府首脳が、谷に手を回したことも考えられた。一種の懐柔策である。ということは、山川が鹿児島から戻った時期を見計らっていたのであろう。

　山川はなにごとかと陸軍裁判所に出向いた。会ってみると、谷は薩長閥のようなむき出しな敵対感情はなく、まるで旧知の間柄のような親しみすら覚えた。

「貴君に会いたいと思っていた」

　と笑顔で山川をむかえ、こういった。

「拙者は若いころ、奥州郡山《おうしゆうこおりやま》出の安積艮斎《あさかごんさい》先生に学んだこともあった。初めはコチコチの攘夷《じようい》論者だった。長崎から上海《シヤンハイ》に出かけたおり、坂本龍馬《さかもとりようま》先生に攘夷ではない、討幕が先だといわれ、貴君らと戦うようになった。しかし、もう時代は変わった。同じ日本人だ。手をたずさえて、新しい国家をつくらねばならぬ。聞けば貴君の弟妹はアメリカに留学しておるそうではないか。浪人しているよりは、政府に勤めて国家につくしてはくれぬか。自分の力は微々たるもので、判任官までしか保証はできぬが、命をかけて戦った相手と仕事をしてみたい」

　谷は山川に任官を勧めた。

山川は薩長憎しで士族の反乱を画策してはいたが、正直のところ反政府運動に限界も感じていた。島津久光も海江田信義も保守的すぎた。谷のいうとおり、時代は変わっている。

弟の健次郎、妹捨松は明治政府の国費留学生である。二人にも迷惑がかかる。また会津にはひもじい若者が大勢いる。彼らも救わなければならない。

勝海舟《かつかいしゅう》、榎本武揚《えのもとたけあき》、大鳥圭介ら明治政府に仕官した幕臣は多い。しかし誰一人、自分に谷のような話をもってきた人はない。幕府の冷たさをいつも思い知らされていた山川にとって、谷の申し出は正直、涙が出るほどうれしかった。

「考えさせてほしい」

と山川はいった。そして永岡久茂に相談した。

「受けるべきだ。恨《うら》みは俺が晴らす。貴君は王道《おうどう》を歩むべし」

と永岡がいった。山川は無言で永岡の忠告を聞いた。会津のために、これは受けるしかないと山川は決断した。「すまぬ」と、山川は永岡の手を握った。その目には涙があった。

数日後、山川はふたたび谷を訪ね、

「我らは朝敵にあらず、この信念はいまだに変わっておらぬが、だからといって世の中に背を向けて暮らすつもりも

谷 干城

ない。国家のためにつくすことに異議はない」

と申し出を受けた。山川は、このことを主君松平容保《まつだいらかたもり》に報告した。

このころ、山川の身辺に変化があった。志づと知り合い、志づが懐妊、男子を生んだ。洸である。山川にとって初めての子どもである。母も非常に喜び、初孫を大事に育てた。

明治六年（一八七三）三月、山川は陸軍省八等出仕を命ぜられ、判任官、陸軍裁判所大主理として、谷のもとで働くことになった。陸海軍の上層部は薩長で占め、土佐もその埒外《らちがい》にあった。このため谷自身も地味なポストが多く、屈辱を味わっていたが、そこに征韓論が起こり、薩摩出身の将校が下野し、鹿児島に帰るにおよんで、谷にも山川にも光が射した。山川の周辺もにわかに明るくなった。

陸軍学校の教官はフランス人

このころの山川にとって、もっともうれしかったのは柴五郎の朗報である。山川の家から福島県知事安場《やすば》保和《やすかず》の留守宅に移り、下僕として働いていた五郎が見事、陸軍幼年学校に合格したのである。

安場は熊本の人で、奥州水沢《みずさわ》（岩手県）出身の後藤《ごとう》新平《しんぺい》に勉学の機会を与えるなど思いやりのある男だった。後藤はのちに満鉄総裁、内務大臣、外務大臣を務め、関東大震災後の東京を復興させた人物である。

このころ、野田豁通《のだひろみち》は陸軍に勤め、陸軍会計一等軍吏の職にあった。

「近々、陸軍幼年生徒隊の試験がある、受けてみよ」

といったので、五郎はとび上がらんばかりに喜び、願書を出して陸軍兵学寮に出頭して受験した。

五郎はこれまで二回、就職試験を受け、二回とも落第していた。一回目は近所の活版所の文選工である。文字を知らないと落とされた。軍馬局の蹄鉄《ていてつ》工も応募したが、年齢不足ではねられた。しかし、これは幸運なことだった。もし合格していれば、五郎は一生、文選工か蹄鉄工だった。人間の運命はわからないものだ。

一緒に受験した少年のなかに斎藤実《さいとうまこと》がいた。後藤新平と並んで水沢の神童といわれた男である。それが、なぜか合格できなかった。斎藤は仕方なく翌年、海軍兵学校の試験を受けて合格した。斎藤は三番で海軍兵学校を卒業し、のちに海軍大臣、内閣総理大臣にのぼりつめる。

陸軍に入っていたらどうだったか。長州閥が上層部を占めていたので、大臣は無理だったかも知れない。海軍の上層部は薩摩閥が占めていたが、妻の実父が薩摩出身の将官だったこともあり、斎藤はとんとん拍子に出世した。人生はちょっとしたことで、右にも左にも転じるものだ。

山川は五郎の合格を聞いたとき、全身からほとばしる喜びを感じた。早速、東京の街を歩き、フランス式の灰色のズボン、紺色に黄色の縁どりをした金紐のマント、帽子、靴などを買い集め、五郎に着せ、

「前向け、左向け」

と一家をあげて喜んだ。

四月一日に入校式があり、三日は神武天皇祭で休日だった。五郎はこの日、まっすぐ山川家に出かけた。山川の母の悦《よろこ》びはことのほかで、五郎の両肩に手を置き、前より後ろよりながめて涙を流した。自刃した五郎の祖母、母が脳裏に浮かび、ぼろぼろ涙が流れた。

「余もうれしさのあまり、そのことを忘れ、斗南にいまなお苦闘する父上をも忘れる、申しわけなきことなり」

五郎も喜びを爆発させた。

野田豁通の喜びもひとしおだった。五郎の軍服姿をみて、

「これでよか、これでよか」

と連発し、自分のことのように喜んでくれた。

「野田豁通の恩愛《おんあい》いくたび語りてもつくすこと能《あた》わず。熊本細川《ほそかわ》藩の出身なれば、横《よこ》井小楠《いしようなん》の門下とはいえ、藩閥の外にありて、しばしば栄進の道を塞《ふさ》がる、しかるに後

進の少年を看るに一視同仁《いっしどうじん》、旧藩対立の情を超えて、ただ新国家建設の礎石《そせき》を育つるに心魂を傾け、しかも導くに諫言《かんげん》をもってせず、常に温顔を綻《ほころ》ばすのみなり」

五郎はこのときのことをこう記述している。山川と並ぶ大恩人が野田だった。

会津の少年は想像を絶する苦境に追い込まれた。しかし不屈の闘志と周辺の温かい励ましで、五郎のような少年が育った。五郎のがんばりを会津武士道の発露という人もいるが、それは五郎のひたむきな努力に周囲の人々が感動し、協力を惜しまなかったせいでもあった。五郎の受験の成績はわからないが、賊軍の会津からも入学できたことは、試験がいかに平等であったかを物語るものだった。明治政府にも評価すべきことはいくつもあった。

このときの陸軍幼年学校の入学者は十数人と少なく、うち二人は大学南校《なんこう》（東京大学の前身）からの入学者で、教官はすべてフランス人、フランス語での授業だった。通訳はいたが、フランス語をマスターしなければ進級は不可能であり、五郎はもち前の負けじ魂で、それをクリアーしていった。

西南戦争

明治一〇年（一八七七）の西南戦争は、まさに雪辱の好期到来であった。山川をはじめ、じつに二〇〇人余の元会津藩士がこの戦いに参加し、薩摩と戦った。山川は西郷隆盛軍に包囲されていた熊本城の救援に当たり、見事、西郷軍を敗った。

元会津藩士たちにとって、会津戊辰戦争雪辱の日であり、競って警視隊に志願し、会津抜刀隊を編制し戦った。元会津藩家老、鬼官兵衛《かんべえ》こと佐川《さがわ》官兵衛が戦死したのもこのときだった。

山川は西征別働軍の参謀に補せられ、四月一日、熊本県の宇土《うと》に入り、別働軍総督黒田清隆中将と第二旅団長山田《やまだ》顕義《あきよし》少将らとともに民家で軍議をこらした。

春だというのに肌寒い。夜も次第にふけて、腹も減ってきた。

「どれ、にぎり飯でも食うか」

山川は一人つぶやき、囲炉裏《いろり》に火箸《ひばし》をわたして、味噌《みそ》をつけたにぎり飯をあぶり、一人でうまそうに食べた。黒田は薩摩、山田は長州である。黒田と山田はよだれを流さんばかりににぎり飯を見つめたが、山川はわれ関せず、悠々と炭火で焼いたにぎり飯をほおばった。二人に対する山川のしっぺ返しだった。

昔、大坂城落城のとき、稲田九郎兵衛という侍がいた。父とともに城に入らんとして、石垣にとりついて時機をうかがっていた。夜中に腹がすいてきたので、九郎兵衛がかねて用意の鰹節をかじったのを父が見て、少しわけてくれといった。すると九郎兵衛が、

「戦ではこれぐらいの用意が必要です。たとえ父上といっても差し上げることはでき

ません」

といったという故事があった。山川はこの故事に倣《なら》って黒田と山田を風刺したのだった。

このにぎり飯事件が尾を引いたか、山川は山田と大喧嘩《おおげんか》になった。山川は熊本城で援軍を待つ恩人の陸軍少将谷干城を救出せんと、即刻、突入を図ろうとした。これに山田が待ったをかけた。会津の先駆けは許さないというのである。

「構うものか」

山川は先陣を切って熊本城に飛び込み、一番乗りを果たした。浪人の山川を陸軍に誘ってくれた谷が危機に立たされているのだ。山川が突撃するのは当然だった。


山川の実力からすれば、当然、陸軍の中枢部に進むはずであったが、朝敵会津の出身ということで、周囲から避けられ、陸軍では大佐どまりの不遇な扱いを受けた。

しかし薩摩出身の文部大臣森有礼《もりありのり》の薦めで、山川は軍人の身分のまま東京高等師範学校や女子高等師範学校の校長に就任、旧制中学校や高等女学校、師範学校の教員の養成に当たった。その功績で少将に昇進した。東京高等師範学校には全国からまじめで頭のいい学生が集まった。

校長としての山川は学校運営、管理などは教頭以下にまかせ、教師の自主性を大い

に尊重した。その分、学生との対話に力を入れ、卒業生を自宅に招いて送別会を開き、

「正義の道を歩むべし。立身出世などケチなことは眼中におくな。万一失敗して生活に困るようなことがあれば、いつでも俺のところに来い」

と励ました。幾多の修羅場《しゅらば》をくぐってきた山川ならではの言葉だった。

自分の足で教育現場も見て回った。第一回視察は東北だった。栃木を見て福島県に入った。歩くときは一人、おつきなどいらなかった。宴会も嫌いだった。

「税金の無駄遣いである」

としばしば断った。福島では知事から誘いがあった。接待は断ると山川はいい、互いに酒をもち寄って飲むことにした。場所は信夫山《しのぶやま》公園、山川は牛肉と馬鈴薯《ばれいしょ》と葱《たまねぎ》の煮物を持参した。二次会を街のなかでと県庁の職員がいったが、山川はさっさと宿に帰ってしまった。

山形の新庄《しんじょう》では峠を歩いてのぼった。むかえの者が馬で来ていたが、これも断って歩き続けた。

晩年、山川は第一回衆議院議員選挙に福島四区から立候補した。今日の選挙と違って有権者は総人口の一パーセントである。連日、演説会を開いてがんばったが、八四九票で惜しくも次点だった。地元から離れて二〇年になっており、仕方なかった。

しかし貴族院議員、さらには男爵《だんしゃく》となり、いよいよこれからというとき、病に倒れ、

明治三一年（一八九八）二月四日、五四歳で永眠した。

アメリカに留学した弟妹

山川家は、九歳下の弟健次郎によって確固たる地位を築く。健次郎は会津戊辰戦争では白虎隊《びゃっこたい》に選ばれたが、年齢が規定より一歳若いため、戦場には出なかった。母や姉らと一緒に籠城《ろうじょう》し、辛酸をなめた。飯盛山《いいもりやま》で自刃した白虎隊士は藩校日新館《にっしんかん》の上級生たちであり、このことはその後の健次郎に深い影響を与えた。

落城後、猪苗代《いなわしろ》に謹慎を命ぜられたが、秋月悌次郎《あきづきていじろう》が敵である長州藩士奥平謙輔《おくひらけんすけ》に頼み込み、健次郎を越後《えちご》に脱走させた。健次郎は奥平の書生となり、さらに東京に出て、沼間守一の塾で英語を学び、明治四年、北海道開拓使の留学生としてアメリカに渡った。

妹捨松も第一回女子留学生として、下北からアメリカに向かった。明治の初め、しかも朝敵の会津藩から二人の少年少女がアメリカ留学した。いまでこそ外国留学も一般化しているが、兄山川浩がいかに人材育成に力を入れ、いつの日か、会津のいわれなき汚名をそそごうとしたかがわかる。

健次郎は、アメリカのエール大学で物理学を学び、明治八年（一八七五）に帰国、東京帝国大学の前身である東京開成学校教授補となり、その後、東京大学理科大学教授、理科大学学長、東京帝国大学総長の座にのぼりつめる。さらに、九州帝国大学総長、京都帝国大学総長を歴任し、男爵を授けられ、明治から大正にかけて学界、教育界の大御所としての輝かしい地位を築くことになる。

兄浩亡きあと、松平家の顧問となった健次郎に、朝敵の汚名をそそぐ感激の知らせが入ったのは、大正一四年（一九二五）一月二三日のことであった。宮内大臣牧野伸顕《まきののぶあき》から呼び出しがあり、松平容保の四男、駐米全権大使松平恒雄の長女勢津子を秩父宮妃殿下にむかえたいとの相談であった。

ご婚儀は、昭和三年（一九二八）九月一四日に挙行され、会津関係者は感涙にむせんだ。兄浩の願いは、弟健次郎によって達成され、山川浩は大参事としての使命と責任を果たすことができたのである。

長州に不穏の空気

永岡久茂は、反政府運動を貫いた。永岡は廃藩置県後、青森県に仕官、いったんは田名部《たなぶ》支庁長となったが、間もなく上京する。そして浅草菊屋橋通りに住みかを定め、海老原穆《えびはらぼく》と「評論新聞」を発刊、反政府運動を展開する。

海老原は薩摩人で、軍人だったが、愛知県の官吏に転じて「評論新聞」を発行。自由民権や征韓論を唱えた。過激な論調で発禁となったが、今度は「中外評論」を発行、ふたたび発禁となり、「文明新誌」を発行するなどして頑強に政府攻撃をおこなった人物である。

永岡はその一方で、副島種臣《そえじまたねおみ》、板垣退助らとも親交を結び、彼らから仕官をすすめられたが、これを拒み、政府批判の強硬論者であった松下村塾《しょうかそんじゅく》出身の長州藩士前原一誠《まえばらいっせい》と手を結び、政府転覆の計画を練った。

明治新政府は、成立して間もなく内部でみにくい争いを続けていた。その一つの原因となったのは、政府内部の派閥対立であった。薩摩と長州が各省庁でことごとく対立し、そこに不平士族がからんだ。廃藩置県、地租改正《ちそかいせい》、徴兵令《ちょうへいれい》と相次ぐ近代化施策についていけない多くの士族が、反乱を起こした。

明治七年（一八七四）二月、江藤新平による佐賀の乱が起こり、明治九年（一八七六）一〇月には熊本県令安岡良亮、熊本鎮台司令官種田政明を殺害した神風連《しんぷうれん》の乱が起きた。これに刺激され、前原一誠の萩《はぎ》の乱が起こる。前原は明治政府の参議、兵部大輔《ひょうぶたゆう》の要職にあったが、政府部内で意見が異なり、山口に帰っていた。

永岡は前原一誠と緊密に連絡をとった。誰かが行動に移さなければ、会津の侍は腰抜けだと嘲笑《ちょうしょう》される。その怨念《おんねん》を一身に買って出た。永岡はどんなことにも挑戦する情熱的な男だった。斗南で海運業を考えたのも永岡だった。藩船安渡丸を購入、航海訓練をはじめたが、残念ながら遭難して失敗した。

萩の乱は明治九年一〇月末に勃発した。首領は前参議兵部大輔前原一誠である。明治政府の重鎮の一人である前原がなぜ反乱を起こしたのか。その根本原因は旧士族の処遇にあった。

明治二年（一八六九）、長州藩の諸隊は解散し、その精鋭を選抜して常備四大隊を編制した。これにもれた隊員約二〇〇〇人が山口を脱して防府《ほうふ》の三田尻《みたじり》や宮市《みやいち》に集まり、反乱を起こした。

参議時代の前原は木戸孝允とはなじめず、無言参議というありがたくないレッテルをはられ、平生はことの善悪をいわぬ人だった。かたや木戸は才気《さいき》煥発《かんぱつ》、多弁である。双方合うはずがない。

前原の参謀が奥平謙輔である。豪放磊落《ごうほうらいらく》、会津の山川健次郎を預かった人物であった。会津にとって奥平は長州人だが、恩人である。山川浩も前原と奥平の動きには大きな注目を寄せたが、陸軍に仕える身である、黙って見つめるしかなかった。

長州では三〇〇〇の士族が武士の身分を失っていた。士族授産を叫んでみても効果はなく、山口に残った士族は、不平不満の塊となっていた。前原はその首領にかつがれた。士族たちは「もはや反乱しかない」と護国軍を編制し、藩校明倫館《めいりんかん》を軍議所とした。

集まった士族は一〇〇〇人にふくれ上がり風雲急を告げる事態となった。明治八年六月、木戸は前原を東京に呼び、時世の変化を説き、元老院議官になるよう勧めたが、前原は応じなかった。

永岡は前原に連帯を申し出た。七月一八日、永岡は前原に会い、かねて抱いてきた政府転覆の謀議《ぼうぎ》をもち掛けた。長州と薩摩、会津が同時蜂起すれば、現政権はつぶせると説いた。七月二四日、三〇日にも二人は会った。

何度かの会談で前原と永岡は堅く結ばれ、同時蜂起で意見が一致した。

思案橋《しあんばし》事件の真相

「ニシキノミセヒラキハコンニチ」

という前原一誠蜂起の電報を手にした永岡は、かねての計画を実行に移した。

永岡の計画とは、千葉県庁を襲い、佐倉《さくら》鎮台の兵を味方に引き入れ、日光から会津に入り、萩の前原と東西呼応して、政府を転覆させるというものであった。永岡に同調したのは同じ元会津藩士の中根米七、中原成業、竹村俊秀、井口慎次郎らであった。

永岡らは一〇月一九日の夜、東京日本橋小網《こあみ》町一丁目の思案橋《しあんばし》から舟で千葉に行こうとして警官と格闘になった。世にいう思案橋事件である。

事件の顚末《てんまつ》は次のようなものだった。永岡らが小網町の船宿に行き、小舟五隻に分乗して、しきりに出発をうながしたが、船宿の主人が一行をあやしんで舟を出さず、日本橋警察署に密告し、警部補寺本義久ら四人が現場に行き、永岡らと格闘になった。中原成業、井口慎次郎らが抜刀して巡査三人を斬り伏せたが、一人に逃げられ、警鐘を乱打され、旗揚げは失敗に終わる。

この格闘の際、永岡は誤って井口に腰を斬られ、警官に捕らえられてしまった。その傷がもとで永岡は翌明治一〇年一月一二日、鍛冶橋《かじばし》の獄舎で死んだ。享年三八。まだこれからの人生だった。永岡には、母えきと妻せんがいた。せんは柳橋芸者で、後妻であった。前妻はまさといったが、子がないとして離縁されていた。

中原成業、竹村俊秀、井口慎次郎らも捕らえられ、処刑されたが、中原は四九歳。会津戊辰戦争では越後口の遊撃隊長として活躍した宝蔵院流槍術《ほうぞういんりゅうそうじゅつ》の名手で、戦いのあと若松県で官吏を斬り、逃亡していた。

竹村は三二歳。斗南に移り、一時は青森県開墾《かいこん》係長になったが、薩長に一矢をむくいんと上京し、永岡の門下にはいっていた。山川浩からの信任も厚く、会津の戦いの際は狙撃隊長として山川を守り、奮戦した。

井口は二四歳。日新館で学んだ俊英であった。中根米七だけは会津まで逃れた。

この思案橋事件には、もう一つ意外な事実があった。永岡の書生、平山圭一郎、根津金次郎の二人が事件前夜、警視庁大警視川路利良《かわじとしよし》に密告したというのである。

「まさか」

会津の人々は顔を見合わせた。

この事件を聞いた多くの会津人は、永岡を非難することはなかった。それはすべての会津人が抱いてきた薩長への報復を、身をもって実践しようとした永岡への心からの同情といたわりの気持ちからであった。山川の弟健次郎でさえ、永岡を密告した平山、根津の二人を裏切り者として憎んだ。永岡の生き方もまた元会津藩士として、やむにやまれぬ心情の発露であった。

永岡の生涯をあれこれ論評することは容易である。時代を見る目がないとか、感情におぼれたとか、いろいろあるかも知れない。しかし誰か一人、永岡のような生き方をしなければ、おさまらなかった背景があったことも理解しなければならない。

永岡は次のような詩を詠んでいた。死を覚悟していたのである。

今日、隅田川《すみだがわ》で去り行く春を惜しんでいる
桜の花が舞い散っていくさまは、堪えがたいほどの憂いである
来年も隅田川には、春がまた訪れるだろう、しかし、それを見ることはあるまい
誰一人、私が隅田川のほとりで、辞世の詩を詠んでいるなど知るはずもない

第十章　屈折の明治

消えた首席家老

戊辰《ぼしん》戦争時の会津藩《あいづ》（福島県）を代表する人物は、梶原平馬《かじわらへいま》だった。

「梶原はシャンペン、ウイスキー、シェリー、ラム、ジンをまたたきもせずに飲み干し、飲みっぷりにかけてはほかの人をはるかにしのいだ」

「そして彼は色の白い顔だちの格別立派な青年だった」

と、イギリスの外交官アーネスト・サトウの『一外交官の見た明治維新』に登場する人物である。

梶原が本領を発揮したのは、鳥羽伏見《とばふしみ》の戦いで敗れ、会津に帰国してからであった。

朝敵の烙印《らくいん》を押され、薩長軍《さっちょう》が刻一刻と攻め寄せるなかで、起死回生の策をねった。

それが奥羽越列藩同盟《おううえつれっぱんどうめい》だった。そのきっかけとなったのは、仙台領の七ケ宿《しちがじゅく》会談だった。

仙台藩は会津藩が謝罪要求を受け入れれば、総督府とのあいだにたって和解に尽力するとのべた。仙台藩が示した謝罪の内容は、藩公の城外屛居《へいきょ》と謀主《ぼうしゅ》の首級を出すことだった。薩長の要求は主君松平容保《まつだいらかたもり》の斬首、鶴ケ城《つるかじょう》の開城、領地の没収だったが、仙台藩の斡旋《あっせん》案は、ハードルの低いものだった。城、領地ともに残すという穏健な提示だった。しかし梶原はこれを拒否した。

「主君の城外謹慎は当然だとしても、謀主の首級を出せというのはいかがなものか。皆、国家に忠節をつくした者であり、首は出せぬ。伏見の戦争は前将軍が罪を一身に負い、謝罪嘆願し、朝廷もこれを入れておる。解決ずみではないか」

と会津藩の無罪を主張した。すると仙台藩首席家老但木土佐《ただきとさ》がいった。

「であれば、総督府《そうとくふ》に貴藩の謝罪嘆願をとり次ぐことはできぬ。貴藩の決心やいかに」

梶原はしばし黙考したあと、

「一国、死をもって守るのみでござる」

と答えた。仙台も黙ってはいない。重臣の一人、真田喜平太《さなだきへいた》がいい返した。

「であれば速やかに帰って軍備を整えよ。前将軍罪を一身に負えば、貴藩公罪なしというが、これは貴藩公の罪ではないか。ということは貴君の罪である」

と梶原をにらんだ。徳川慶喜《とくがわよしのぶ》の罪は補佐する容保にあり、容保の罪は家臣の梶原たちにあるというのだ。真田の言い分も理屈としては筋がとおっていた。

梶原の白い顔が紅潮した。どう答えるか、仙台の重臣は梶原を見すえた。

「もっともである」

梶原はあっさり答えた。この正直な答え方が、仙台藩重臣の心をとらえた。

梶原の読みどおり、奥羽鎮撫《ちんぶ》総督府参謀、長州《ちょうしゅう》（山口県）の世良修蔵《せらしゅうぞう》は仙台の斡旋案をにべもなく拒絶した。かくて奥羽列藩同盟が結成され、東西対決の様相を見せるのは、ひとえに梶原の政治力によってであった。

さらに長岡《ながおか》（新潟県）の河井継之助《かわいつぎのすけ》に参戦をうながし、奥羽越列藩同盟に発展した。

梶原の生家は同じ家老の内藤家で、白河《しらかわ》国境の総督を務めた内藤介右衛門《ないとうすけえもん》は実兄、妻は山川浩《やまかわひろし》の姉二葉《ふたば》だった。山川とは義兄弟だった。

籠城《ろうじょう》戦のあいだ、梶原は政務担当として主君容保の側にいた。戦後、主君容保とともに東京で謹慎した。

梶原は青森県が誕生すると、庶務課長となり、斗南《となみ》士族の救済に奮闘したが、ほどなく東京に出た。この時点で妻の二葉とは離婚し、旧幕臣の娘水野貞《みずのてい》と再婚した。そんなことで山川とは疎遠になり、交流は途絶えた。

北海道での消息

梶原はその後、北海道にわたるが、そこからの足どりがぷっつり消えてしまう。梶原の後半生は謎《なぞ》に包まれ、太平洋戦争後も消息は不明だった。

平成五年（一九九三）のことである。幕末維新の会津史を追いかけている人々にとって、アッと驚くできごとがあった。北海道における梶原の足跡がわかったのである。それは「私立根室女子小学校『水野貞』事跡」と題する研究論文だった。

これは川上淳、本田克代両氏の研究リポートで、『根室《ねむろ》市博物館開設準備室紀要 第7号』に発表された。私はそれを手にして食い入るように読んだ。貞は根室で小学校の教員をしていた。しかも私立女子小学校の校長まで務めていたのである。根室に来たのは明治一四年（一八八一）一一月で、最初の職場は花咲小学校だった。

それまでは函館《はこだて》市相生町に住んでおり、夫の梶原平馬と一緒だった。北海道では梶原景雄と名乗っていた。

梶原平馬がなぜ函館にわたったのか、そのカギを握るのは同じ函館に住んでいた元会津藩士の雑賀重村《さいがしげむら》だった。雑賀は北海道開拓使に出仕し、函館から札幌に通じる札幌本道の工事にたずさわり、明治五年（一八七二）には開拓大主典《だいさかん》に昇進し、黒田清《くろだきよ》隆《たか》の信頼を得ていた。

雑賀の妻浅子は会津の重臣簗瀬《やなせ》三左衛門の娘で、函館には義父の簗瀬も来ていた。

三左衛門の長女キサは梶原平馬の養父の妻であり、二女ツヤは梶原の実兄内藤介右衛門に嫁いでいた。梶原と簗瀬は近い関係にあった。梶原は簗瀬を頼って函館にわたったと考えられる。函館には貞の父親も同行していた。

梶原は天保《てんぽう》一三年（一八四二）の生まれなので、明治一一年（一八七八）の時点で三七歳、貞は三〇歳だった。長女静江がこの年、生まれていた。

梶原一家が函館から根室に来たのは、貞が根室の花咲小学校の教員として赴任したためだった。

これも私にとっては、意外なことだった。私は函館も会津人が増え、それを逃れてさらに奥地の根室に身をかくしたのではないかと思っていた。しかし事実は違っていた。人間の推理というのは、多分に勝手な思いつきにすぎないものだと痛感した。

時代に翻弄《ほんろう》されて

貞はどんな女性か。その謎を解く論文が発表されたのは、平成八年（一九九六）のことである。調査に当たったのは菅野恒雄氏で「東京で生まれ育ち教鞭《きょうべん》を執った梶原平馬二度目の妻貞子の事跡」と題し、同じ『根室市博物館開設準備室紀要』の第10号に寄稿した。

そこには貞のくわしい経歴があった。

嘉永《かえい》二年（一八四九）一一月一八日　江戸新五番町に生まれる。父水野謙吉・母ウタ子の三女
長ずるにおよんで和漢の学と数学を東京の私塾にて修む

明治五年（一八七二）一月八日　梶原平馬消息を絶つ。青森県庁「免出仕」の辞令

明治八年（一八七五）六月二日　東京府小学校教員に採用され麴町《こうじまち》女学校三等授業生拝命
東京桜川女学校へ転勤（二等授業生、二七歳）

明治一一年（一八七八）　梶原景雄と結婚（三〇歳）
桜川女学校依願退職（五等准訓導）
静江誕生

明治一四年（一八八一）　函館へ移住（三三歳）

明治一四年二月一九日　函館女紅場で文学教員として教鞭を執る

明治一四年一一月二一日　函館女紅場辞任

同日　　　　　　　　　　　　根室花咲小学校教員の辞令（二等准訓導）
実父水野謙吉病篤く看病のため赴任延期を申請
明治一五年（一八八二）二月二六日　実父死去、根室に赴任
明治一八年（一八八五）六月六日　文雄誕生（三七歳）
明治二〇年（一八八七）四月　　　　　　　　　　　　　　　　　　　花咲小学校退職、緑町一丁目に私塾開設

貞の父水野謙吉は能楽師だった。江戸新五番町は現在の千代田区四番町《よんばんちょう》の辺りで、昔は旗本の住居地区だった。近所の平河町《ひらかわちょう》五丁目には女子も学べる私塾蒼雪舎《そうせつしゃ》があり、貞はここで漢学を学んだと見られる。貞はその後、明治八年に東京府の小学校教員に採用され、同年六月二日に麹町女学校の教員を拝命し、六月一五日づけで桜川女学校に転任した。

明治一一年に「良縁あり、青森県士族梶原景雄氏に配し」という記述があり、ここから平馬と貞の生活がはじまる。この年一月二八日づけで貞は病気を理由に辞職願いを出している。医師の診断記録には「慢性肺炎症」とあったが、五月二日に長女静江が生まれているので、妊娠していたようである。年表にはないが、のちに長男篤、二

男文雄が生まれている。

東京ではなかなか生活が厳しい。思い切って人の目を気にしないですむ函館で、新しい家庭をつくる、そう梶原が決断したのではないかと思われる。

梶原平馬は倒産しかかった会津藩をまかされ、精一杯努力し、奥羽越列藩同盟を立ち上げた人物だった。

もし列藩同盟が勝利していれば、梶原は新しい政府の閣僚を務めたはずであった。しかし惨敗によって責任を問う声もあり、根室での暮らしは精神的には楽だったかも知れない。しかし当時の根室は寒村であり、茫然《ぼうぜん》とすごす日々が多かったに違いない。文字どおり屈折の明治だった。

根室での梶原の日々はまったくわかっていない。未整理の書簡が根室に残っており、この書簡の整理がすすめば、梶原の明治はなんであったのか、解明できるのではないかと思われる。それを待ちたい。ともあれ立派な教育者であった貞の事跡は、梶原の復権にもつながることであった。

国際派の陸軍軍人

裸足で下北《しもきた》の山野をさまよった柴五郎《しばごろう》が、青森県の給仕から陸軍幼年学校に進んだことは前に書いた。当時の陸軍幼年学校は教官がすべてフランス人。国語、国史、修身、習字などはいっさいなく、フランス語によるフランス本国の地理、歴史の勉強だった。五郎は最初級の学級に編入され、アーベーセーから勉強をはじめた。

難解でまったくわからず、悔し涙を流しながら、休憩時間も休日もなく懸命に勉強した。その後の五郎の経歴は、次のようなものだった。

明治一〇年（一八七七）一九歳、陸軍士官学校入学、三年後に卒業
明治一二年（一八七九）二一歳、陸軍砲兵少尉
明治二二年（一八八九）三一歳、清国福州で特別任務に就く
明治二七年（一八九四）三六歳、大本営陸軍部参謀
明治三三年（一九〇〇）四二歳、北京《ペキン》駐在武官、義和団《ぎわだん》事件で北京籠城
明治三七年（一九〇四）四六歳、砲兵連隊長
明治四〇年（一九〇七）四九歳、陸軍少将、重砲兵旅団長、要塞司令官、第一二師団長
大正七年（一九一八）六〇歳、東京衛戍《えいじゅ》総督
大正八年（一九一九）六一歳、陸軍大将、台湾《タイワン》軍司令官、軍事参議官
大正一二年（一九二三）六五歳、予備役
昭和二〇年（一九四五）八七歳、一二月一三日没

（『ある明治人の記録』中公新書）

見事な経歴であった。とくに義和団事件の際の指揮は各国から高い評価を得た。

これは諸外国の清国侵略に対して蜂起《ほうき》した排外愛国団体の義和団が各国公館、教会などを攻撃した事件である。北京の各国公館は在留民、清国キリスト教徒あわせて四〇〇〇人余を避難籠城させ、五〇日余にわたって抗戦した。これを無事、乗り切った五郎に対する評価はきわめて高いものがあった。

五郎はパリでの語学研修、ロンドン駐在武官と世界を歩き、国際感覚は抜群だった。

薩長閥の打倒

五郎は遺書を残していた。それを編纂《へんさん》し『ある明治人の記録』と題してまとめた石《いし》光真人《みつまひと》は、

「柴五郎は会津精神の化身《けしん》ともいうべき人柄の持ち主で、また生粋の明治人でもあった。藩閥の外にありながら、軍人として最高の地位にのぼったすぐれた人材でもあったが、晩年の翁からは、万事を叱咤《しった》する職業軍人などという印象は微塵《みじん》も受けなかった」

とのべた。その柴五郎がひそかに記述していたものが、抹殺された会津の歴史だっ

た。下北での暮らしは公表をはばかるほど悲惨だった。五郎は薩長藩閥政府の華やかな歴史からは抹殺された暗黒の一節を書きしるし「門外不出」と遺言し、会津若松《わかまつ》の恵倫寺《えりんじ》に納めた。それがこの記録だった。柴五郎がもっともいわんとしたことは、会津戊辰戦争の悔しい思いだった。

五郎は家族の自刃を叔父清助翁から聞いたときの衝撃をこのように書いた。

「今朝のことなり。敵城下に侵入したるも御身《おんみ》の母をはじめ家人一同退去を肯《き》かず、祖母、母、兄嫁、姉、妹の五人、いさぎよく自刃されたり、余はこわれて介錯《かいしゃく》いたし、家に火を放ちて参った。母君臨終にさいして御身の保護教育を委嘱されたり、御身の悲痛もさることながら、これは武家のつねなり、驚き悲しむにたらず、あきらめよ。いさぎよくあきらむべし、幼き妹までよく自刃して果てたるぞ、今日ただいまより忍びて余の指示に従うべし、これを聞きて茫然自失、答うるに声いでず、泣くに涙流れず、眩暈《めまい》して打ちふしたり」

武士たるものは、たとえ女、子どもであっても自刃する場合もあるという叔父の言葉は強烈だった。

さらにこのような記述もあった。

「郭内は隈なく焼土と化して残るものなし。町家もほとんど焼失し、残存の家には敵軍の標札かかげありて、将卒充満の模様なり。婦女捕らわれて下婢《かひ》となり、狼藉の様子なるも、しかとわからず。されど喜多方《きたかた》、浜崎に収容のご婦人方については丁重にて、防寒の衣料もおくられたりと聞けり。下郎《げろう》武士とはいえ、やはり武士の端くれなれば、武士の情けも幾分かはもつものと思わる」

五郎は武士道にこだわった。薩長に対する本音を聞きたかったが、それはこの遺書にはなかった。しかし薩長に対し、強い怨念《おんねん》を抱いたことは間違いなかった。

五郎の生涯を『守城の人』と題して描いたのは陸軍士官学校五七期の村上兵衛《むらかみひょうえ》である。これを読むと、将官になるにつれて怨念は次第に薄らいでいったように思われる。

五郎は大正六年（一九一七）、勲一等に叙せられ、瑞宝章を授けられ、翌年に東京衛戍総督に任命された。明治の陸軍は完全に長州閥だった。しかし、それも実力の世界に変わっていた。陸軍大将昇任のとき辞令をわたしたのは、盛岡藩出身の平民宰相原敬《はらたかし》だった。薩長閥の崩壊である。原敬を目の前にして、五郎は感無量の思いだったろう。

柴 五郎

「私は会津出身なるが故に、陸軍において差別されたことは一度もない」

と五郎はいった。

五郎は英語、フランス語、中国語にかけては陸軍屈指といわれた。五郎はみずからの努力と才能で長州閥を乗り越えていった。

五郎は太平洋戦争には否定的だったという説もあるが、日記で見る限り、そうではなかった。終戦の日、五郎は、

「正午、玉音《ぎょくおん》を拝承し、悲憤激昂《げっこう》、生を欲せざらんとす。さきの戦局の順調なるときに生の終わらざりしを恨《うら》む」

と記し、敗戦の日からちょうど一ヵ月後の九月一五日の深夜、宮城を拝し、切腹をはかったが、老衰により力がなく失敗した。医者は胸を三針、腹部を八針縫った。その三ヵ月後、五郎はひっそりとこの世から旅立った。

胸に一点の曇りもなく

荒川類右衛門《あらかわるいえもん》は下北半島に住むこと四年、一度は三本木《さんぼんぎ》への移住を決めたが、家族は会津へ帰ることを望んだ。明治六年（一八七三）四月二二日、一家は長女サタを残して若松に向けて出立した。出稼ぎという名目だった。

馴れぬればさすが名残を惜しむなり
斗南ケ丘の賤《しず》が伏屋も

住み慣れし里と思へばさすがまた
　斗南ヶ丘も今日ぞたち憂《う》き

去るに当たって類右衛門は、このように詠んで、下北の山野に別れを告げた。ここには母と三男乙三郎の墓があった。下北を去ると思うと皆、後ろ髪が引かれた。

若松までは、一ヵ月近い旅だった。なんとか住まいは見つけたが、町は斗南からの難民であふれ、日雇いの人夫や、張り子の人形の製造にありつければよしとするしかなかった。食べるのがやっとの暮らしだった。

翌明治七年（一八七四）、サタも戻り、ようやく家族六人がそろった。

ところが八月の暑い日、長男秀太郎が痢病にかかった。「はやて」あるいは「しぶりばら」ともいう細菌性の病気である。激しい下痢《げり》が続き、秀太郎はたちまち衰弱し、泣いても騒いでも息を吹き返すことはなかった。一四歳、若松の小学校に通う長男は荒川家の希望の星だった。

「じつに長男を失い悲しみにたえず」

類右衛門は涙ながらに記述した。一家の不幸はこれで収まらなかった。翌明治八年五月、今度は妻が黄泉《よみ》の国に旅立った。心労と全身の疲労だった。

「妻ミヨ儀、南部より着以来、七年二月半産す。それより俗にいう血方（婦人病）に罹《かか》り、長々の病と医療、滋養つくせども月に日に衰弱し、終《つい》に黄泉の客となる。ああ死生は止みえず」

これでもか、これでもかというほど類右衛門一家に不幸が襲った。続いて長女サタも病死した。母の死以来、食事も受けつけなくなっていた。家族は二男乙次郎、二女キチの三人になった。

「なんたる不幸」

類右衛門は日々、薩長を恨み続けて過ごした。

あの過酷な下北への流罪がなければ、母も妻も長男も三男も長女も死なずにすんだはずだった。木戸《きど》孝允《たかよし》が憎い、西郷隆盛《さいごうたかもり》が憎い。類右衛門は呪《のろ》い続けた。

その類右衛門に朗報が舞い込んだのは、明治八年八月である。須賀川《すかがわ》の牛袋小学校の教員に採用されたのである。そして再婚し、子どもも生まれた。

類右衛門は教員履歴書に、

罰　受けしことなし

と胸をはって書き込んだ。

晩年の写真が残っている。刀を手にした不屈の会津武士だった。胸に一点の曇りもない。類右衛門はそういう表情をしていた。

会津史の編纂

晩年、山川は貴族院議員に選ばれ、国政の合間をぬって会津史の編纂にも力を入れ『京都守護職始末《きょうとしゅごしょくしまつ》』を編纂した。

山川は薩摩、長州の謀略を激しく批判し、孝明天皇《こうめいてんのう》の突然の死や鳥羽伏見の開戦について赤裸々な思いと怒りをこのようにぶつけた。

「二五日、辰の刻に天皇は崩御された。私事として考えてみても、数回にわたる優渥《ゆうあく》の聖詔《せいしょう》が彷彿《ほうふつ》としていまなお耳に聞こえてくる。当時を追想するごとに、哀痛きわまって、腸を断つ思いであり、涙千行、満腔《まんこう》の遺憾はどこにも訴えるところがない」

天皇の崩御によって政治は一変したと慨嘆した。毒殺説にはふれていなかった。それをにおわせるニュアンスはあった。天皇の死は痛恨のきわみだった。

徳川慶喜《とくがわよしのぶ》と松平容保を朝敵と決めつけた討幕の密勅《みっちょく》について、偽造のからくりを暴露した。それは正親町三条実愛公《おおぎまちさんじょうさねなる》の証言だった。

問　薩長に賜った綸旨《りんじ》は何人の起草か。

答　玉松操《たままつみさお》の起草だ。

問　筆者は何人か。

答　薩摩は余が書いた。長州は中御門《なかみかど》が書いた。このことは自分ら三人と岩倉具視《いわくらともみ》のほか誰も知らない。

この密勅はまったくの捏造《ねつぞう》だったのである。

山川は胸部疾患に悩まされながらも『京都守護職始末』の編纂に全力投球した。山川の自宅に旧臣の北原雅長《きたはらまさなが》、広沢安任《ひろさわやすとう》の従弟の広沢安宅、あるいは従弟の歴史研究家、飯沼関弥らが集まり、京都守護職時代を会津藩の立場から、精力的に考証した。しかし、幕末維新史の壁は厚く、何度もくじけそうになった。

一口でいうと、明治政府の歴史観は、薩長土肥が正義で、会津を中心とする奥羽越は悪という構図であった。

その代表的なものが、明治二年からはじまった官製の史書『復古記』である。現在の東京大学史料編纂所で膨大な史料を集め、薩長土肥がいかに正義のために戦い、勝利したかを書き連ねた。会津は賊軍の首魁《しゅかい》とされ、陸奥《むつ》への挙藩流罪も当然とされたのである。会津にとっては承服しかねる一方的な史書だが、敗れた以上、その屈辱に耐えるしかなかった。

会津の正義を実証せんと山川が手に入れた確実な史料があった。孝明天皇の宸翰《しんかん》である。薩長がいかに会津を非難しようとも、松平容保こそもっとも信頼すべき人間だとした孝明天皇の宸翰は、薩長閥に打撃を与えること確実だった。

貴族院の論客の一人、三浦梧楼《みうらごろう》は長州の出身である。山川と気が合い、藩閥政治には批判的だった。山川が三浦に宸翰のことを話すと、

「まさか」

としばし沈黙し、信じようとしなかった。それではと主君から宸翰を借り受け、三浦に見せた。それは孝明天皇が御所に発砲した長州藩の暴挙に怒り、それを撃退した京都守護職、松平容保の忠節を称えたものであった。一読した三浦は見る見る顔面蒼白になり、

「山川どの、これは、いましばらく公にいたさぬようお願いできぬか。これが出れば、伊藤博文《いとうひろぶみ》総理も困ることになる。容保公にはまことに気の毒であった。このとおりだ」

と山川に頭を下げ、深く溜め息をついた。この宸翰は長州の野望を鋭く突いており、孝明天皇は長州こそ朝敵だと糾弾していたのである。ところが孝明天皇が崩御するや、形勢は逆転、明治天皇を玉と頂く長州が官軍となり、会津は朝敵に蹴落とされた。

これぞ歴史の欺瞞《ぎまん》だった。明治維新は日本の近代化という美名にかくれた権力闘争であった。三浦があえて公表せぬよう山川に求めたのは、明治政府の権威が失墜《しっつい》することを恐れたからだった。それは日本の国体の崩壊につながりかねない、三浦はそう

考えた。

最後の会津藩主、涙の死

明治二六年（一八九三）の秋、主君容保の病状が悪化した。容保はもともと蒲柳《ほりゅう》である。京都守護職時代は一年にわたって病床にあり、一時は危ないとまでいわれたが、若松に戻ってからは体調をとり戻し、山川らとともに、あの籠城戦を戦った。

山川は日に二度、三度と容保を見舞った。容保はそのたびに、錦の布に包んだ竹筒をとり出し、そのなかにしまい込んだ孝明天皇の信任状、宸翰を見せ、

「山川、これを世に出してくれ」

と何度も訴えた。山川は主君の思いを知るにつけ、一日も早く会津戊辰戦争史の編纂を進めなければと決意を新たにした。

山川は谷干城《たにたてき》、大山巌《おおやまいわお》に連絡をとり、容保に皇室から見舞いをいただけないかと懇願した。皇室から見舞いがあれば、容保の積年の恨みが晴れる、そう思った。英照皇太后の名で牛乳をたまわったのは、翌日であった。容保は感涙にむせびながら牛乳を飲み、うっすらと笑みを浮かべながら、五九歳の生涯を閉じた。

心強かったのは、容保の子どもたちの見事な成長である。容大《かたはる》、健雄、英夫、保男、恒雄と五人の男子がいた。幼児のころ、斗南にいた容大は学習院から近衛騎兵に入隊、

英夫は陸軍士官学校、保男は海軍兵学校に入り、恒雄は一高を目指していた。会津松平家は安泰だった。

恒雄は東大法学部に進み、外交官となり、駐英大使、宮内大臣、参議院議長を務め、長女は秩父宮妃殿下節子として皇室に入った。朝敵の汚名を、孫節子が見事に晴らすのである。

晩年の山川の楽しみは、日曜日に書生たちと話し合うことで、玄関脇の書生部屋に、以前いた書生たちも続々集まり、そろって山川に挨拶《あいさつ》する。書生は東京大学、早稲田、慶応義塾、一高、東京高師、高等工業などの学生だった。書生たちは山川のことを将軍と呼び、一人一人、山川に近況を報告し、昼は山川を囲んで食事をした。

このため日曜日の山川邸は朝から大にぎわいで、女たちは台所に立ちどおしだった。指揮を執るのはいつも浩の姉の二葉で、新米の書生は廊下の掃除や、買い物をさせられ、休む暇もなかった。昼食会がはじまると、若者が多いだけに、あっという間に御馳走の山が消え、食べ終わると山川がつくった「死ねや死ね」を大合唱するのだった。

明治二七年七月、日清事変が起こった。日本艦隊は豊島沖で清国艦隊を攻撃、広島に大本営を移し、戦時態勢に入った。九月、臨時議会が広島で召集されるや、山川は病をおして広島に出向き、

「私の余命はもういくばくもない。願わくは屍《しかばね》を満州の野にさらしたい」

と出征を陸軍大臣に直訴した。

「まことにありがたいが、戦場にあって、将軍の死は全軍の士気に影響します。無理はいけません」

と、なだめられた。

山川は医師から政治活動をひかえるようきつくいいわたされ、白河、浦賀《うらが》で、静養に至った。明治三〇年（一八九七）二月、山川は浦賀の別荘で倒れ、東京赤十字病院に入院した。一時よくなり、翌年一月に大磯《おおいそ》に転地療養したが、病状は進むばかりである。伊藤博文、大山巌もいたく心配し、二六日の閣議で山川浩に男爵《だんしゃく》が授けられ、華族に列せられた。

「兄上、男爵ですぞ」

健次郎が伝えると、山川はこっくりうなずいた。二月に入ると意識は混濁《こんだく》し、危篤《きとく》状態におちいり、二月四日午前五時、麹町区番町の借家で息を引きとった。享年五四だった。容保と山川の悲願である『京都守護職始末』の編纂作業はさらに二、三年を要し、完成は山川の死後になった。

会津武士の典型

山川浩亡きあと、会津の人々は弟の健次郎の周辺に集まった。健次郎は東京帝国大学、京都帝国大学、九州帝国大学の総長を務め、兄と同じ貴族院議員にも選ばれ、さらには皇室を補佐する枢密顧問官《すうみつこもんかん》となった。質実剛健《しつじつごうけん》、至誠忠実《しせいちゅうじつ》、皇室および国家の擁護者として各界の全幅の信頼を集め、フロックコートを着た乃木《のぎ》将軍の異名をとった。

そして兄の意思である朝敵の汚名をそそぐため、主君松平容保の孫にあたる節子姫の秩父宮への御入輿《ごじゅよ》に尽力した。このとき、健次郎は東京帝国大学を辞し、武蔵高等学校の校長として青年の指導に当たっていたが、教頭の山本良吉が、

「会津家御先代の志がいまはじめて御上《おかみ》へ通じ、定めて地下でお喜びでございましょう」

というと、健次郎は感きわまって落涙し、ただ一言、

「はあ」

というのが精一杯だった。兄浩が生きていれば、あたり構わず号泣したであろう。

健次郎の胸によぎるのは、会津武士の存在を身をもって示した兄への追憶であった。

会津藩は不幸にして戊辰戦争で敗れたが、山川家の人々によって、明治の社会にゆるぎない地位を得たのである。それはひとえに、「ならぬものはならぬ」とする武士道の精神と、広く世界を見る進取の気性によってつちかわれたのであった。

健次郎は七七歳まで武蔵高校の校長をつとめた。健次郎の神髄《しんずい》はわけへだてのない

公平無私な精神であり、すべての人に慕われ、尊敬された。

大正一五年（一九二六）、大正天皇が崩御され、昭和の時代をむかえた。日本は中国への侵略戦争に踏み切り、満州事変が起こり、日中戦争へと拡大した。健次郎の最大の懸念は日米間の摩擦《まさつ》だった。

「アメリカと戦争をしてはならない」

健次郎は機会をとらえては、このことを話した。

昭和五年（一九三〇）、健次郎は胃潰瘍《いかいよう》を患い、出血が続き、重体になり、六月二日、永眠した。享年七七だった。葬儀のとき、東京帝大総長小野塚喜平次博士は、会津武士道を貫いた健次郎の生涯をたたえた。不義はならぬ。健次郎はいつも若者にそう説き、国家に奉仕し、正直で清貧の人生を歩むべしと呼びかけた。

その精神は今日も武蔵学園や九州工大の若者たちに受け継がれている。健次郎は九州工大の前身である明治専門学校の総長も務めた時期があり、生徒に大きな感銘《かんめい》を与え、今日もなお山川精神が学風になっている。私は九州工大で、そのことを目のあたりにした。

健次郎は『京都守護職始末』を完成させたあと、会津戊辰戦争のすべてをまとめた『会津戊辰戦史』を編纂した。悲惨きわまりない戦争の実態を克明に記載し、この二冊の本を抜きにしては会津を語ることはできない不朽の名作となった。

この本は昭和八年（一九三三）の出版で、部数も少なく貴重本だったが、昭和五三年（一九七八）に続日本史籍協会叢書《そうしょ》として東京大学出版会から発刊され、一般の人々の手に入るようになった。荒川類右衛門をはじめ多くの元藩士が登場し、数々の挿話が挿入され、読み応えのあるものに編纂されていた。

奥羽越列藩を戦争に巻き込んだ長州藩参謀世良修蔵の行状、会津兵の死体の埋葬が許されず、風雨にさらされ、烏《からす》や野犬の餌《えさ》となった惨状、町民が遺体を収容し、墓標を建てたところ、占領軍参謀から撤去破壊を命ぜられたこと、官軍の略奪行為などを詳細に記述し、会津戊辰戦争とはなんであったかを、世に問う告発の書となった。

原爆と同じ

会津人にとって明治の時代は、なんだったのか。

会津の郷土史家宮崎十三八《みやざきとみはち》は『会津人の書く戊辰戦争』（恒文社）で、官軍を厳しく弾劾した。次のようなことを書いている。

「一般住民を無差別で殺した会津の戦争は、大小の違いはあるが、ピカドンの原爆によく似ている。戊辰戦争は討幕の身代わりとして会津憎しと、殺戮《さつりく》の好奇心のための行為だった」

とのべ、老人と少年の悲劇を例にあげた。

先陣で北追手門を突破した土佐兵の前に、七〇歳ばかりの会津の老人が、槍《やり》をふるって躍り出て鋭く立ちはだかった。数人でかかっても老人一人を倒すことができないので、鉄砲でやっと撃ち殺した。

すると一四、五歳の少年が「爺さんの仇《かたき》」といって槍をもって手向かってきた。

「そいつを生け捕れ、生け捕れ」

と号令したが、勢いが強くて突き回り、味方が危険なので、これも槍の届かない距離から銃で射殺した。

その夜、ある町家に泊まり、酒を求めて大いに飲んでいる最中、兵の一人が先に殺した少年の首をもってきた。大皿に載せ、一座のまんなかに、

「お肴《さかな》持参」

といって、これをおき、大声で歌いだした。

愉快きわまるこの夜の酒宴
なかにますらおの美少年

やんややんや、皆、はやして大いに飲み明かした。宮崎は怒りをこめてこの残虐行為を書いた。

遺体の埋葬問題についてもふれた。埋葬問題を自主的に担当したのは、残務整理の

ために若松に残った町野主水《もんど》ら数人の藩士だった。

何度も嘆願し、やっと翌春の雪どけ後に許された。はじめ薬師河原の罪人塚のみというこｔだったが、殉難者をそんなところには埋葬できないと、刺し違える覚悟で嘆願し、ついに阿弥陀寺《あみだじ》に一二八一体、長命寺に一四五体を粗筵《あらむしろ》につつみ、縄で引きずって運んだ。埋葬し終わったのは、七月になってからだった。

宮崎の怒りは、とどまるところを知らなかった。明治政府は旧藩校のあったところに、高校や専門学校を設置した。鹿児島には七高造士館、山口には山口高校、熊本には熊本高校、土佐には高知高校。ところが若松にはなにも置かれなかった。教育差別だとかみついた。

宮崎は会津藩士の末裔《まつえい》である。「すべて許せない」と怒りをぶちまけた。

この人、司馬遼太郎《しばりょうたろう》と親交があり「会津若松のMさん」として、しばしば司馬の作品に登場した。旧制の新潟高校を出て、晩年は会津若松市の観光商工部長を務めた。新潟高校では作家綱淵謙錠《つなぶちけんじょう》の後輩で、同じ寮だった。

宮崎は幕末から明治維新にかけてなにか歯車が狂っていたと嘆いた。孝明天皇の死は毒殺であり、明治維新は先帝を毒殺した人間の汚れた手によって樹立された。なかんずく密勅の偽造はあきれ果てた歴史であったと、宮崎は憤慨した。

「私の曾祖父は戊辰戦争の敗戦で生涯苦しみ、その実弟二人は賊軍として非業の死をとげた。私たち祖先の名誉はなんらかのかたちで回復されなければならない」
宮崎はそういい残して数年前に亡くなった。

会津人は屈折した思いで明治を生き、大正、昭和と引きずってきた。平成の今日もなおこの問題は未解決なのである。

それは東北人全般にいえることで、盛岡藩の家老の流れをくむ原敬は、「白河以北一山百文」という侮蔑の言葉を逆手にとって、あえて「一山」を自分の号として、薩長藩閥政府と戦い、ついにそれを打倒し、平民宰相の座を勝ち得た。

岩手県人はこの問題に対しておおらかである。

「われわれは勝利した」

と胸を張る。それは「この屈辱を自分が晴らしてやる」と宣言した原敬が見事、それをなしとげたからである。

原敬に刺激されて岩手からは幾多の人材が輩出した。総理大臣は長州山口に次いで二番目に多い。原に続いて斎藤実《さいとうまこと》、米内光政《よないみつまさ》、鈴木善幸《すずきぜんこう》と合わせて四人を出している。敗れた屈辱をバネにし、原敬はがんばった。

だが、会津はそのエネルギーさえも奪われた。総理は一人もいない。

会津選出の国会議員の方々には、会津人が幕末維新で受けた数々の屈辱をいかに晴らし、歴史の誤りを正すか、そういう使命感が必要だと思われる。山川健次郎は、明治維新史を書き直すところまでは要求しなかった。それは次の世代にたくしたに違いなかった。

宮崎十三八が第二の世代とすれば、今日の人々は第三の世代である。各界各層あげての論議が、いま求められている。

あとがき

私はこの何年間か、会津藩《あいづ》（福島県）のことを書きながら、一方で会津と長州《ちようしゆう》（山口県）の和解を進めてきた。何人かと山口県萩《はぎ》に行き、討論もおこなったが、会津側の壁は非常に厚く、進展はなかった。私は会津人ではないが、二〇代の半ばに福島民報の記者として三年間会津若松《わかまつ》に駐在し、すっかり会津びいきになった。その縁で会津をベースにした作品を書くようになった。しかし、全編会津礼賛ではなく、戦略や意識改革の遅れなど苦言も呈してきた。

安倍晋三《あべしんぞう》前総理の発言は軽いといえば軽いが、一国の総理の発言に変わりはなかった。もっと総理の胸のうちを聞き出したいのであれば、会津選出の国会議員が国会で質問すればよかったのだが、一向にそうしたことはなかった。

そのうち安倍は総理の座を降りてしまい、せっかくのチャンスを逸してしまった。残念としかいいようがない。

宮崎十三八《みやざきとみはち》のように堂々と本音をいうのは、会津ではむしろ珍しいことだ。だから怨念《おんねん》が鬱積《うつせき》されてしまうわけで、双方が一堂に会してオープンに討論することが必要だと私は思っている。この本が、そうした起爆剤になればと念じている。

もう一人、政治家伊東正義《いとうまさよし》にふれておきたい。伊東は若松生まれの国会議員で、第二次大平《おおひら》（正芳《まさよし》）内閣の官房長官や総理大臣臨時代理、鈴木善幸《すずきぜんこう》内閣の外務大臣などを務め、首相候補と目《もく》された人物である。

「いやあ、伊東さんは、それはれっきとした会津武士でした」

と語るのは、福島中央テレビの北原健児《きたはらけんじ》社長である。元読売新聞記者で、伊東が外務大臣時代、番（担当）記者だった。

「オフレコの記者懇談になると、『ここに山口県出身の記者はおるか』とよくおっしゃった。一人ぐらいはいるもので、『私は山口です』といおうものならたいへんだった。『おれは長州が大嫌いだ。長州は会津で散々、悪事を働いた』とおっしゃる。外務大臣がですよ。びっくりしたものです。骨のある人だったなあ」

北原社長は懐かしそうにおっしゃった。

これを聞いて私は仰天した。私は伊東からただの一度も会津藩や会津戊辰《ぼしん》戦争のことを聞いたことがなく、取材不足もいいところだった。伊東から会津藩の話が出ないので、伊東という人は歴史認識の希薄な人だという印象すらもっていた。

「とんでもない。長州が会津でいかに悪いことをしたか。埋葬も許さなかった、青森県の下北《しもきた》に追いやり、ひどい生活をさせた、それをよくおっしゃっていた」

というのであった。

ならばなぜ総理を受けなかったのか。先祖の無念をなぜ晴らさなかったのか。残念というほかはない。あとで後援会の複数の幹部から聞いたところでは、健康に自信がもてなかったということだった。

ともあれ会津と長州の確執はまだ続いている。会津サイドの壁はきわめて厚く、いまのままだと、あと一〇〇年、二〇〇年続いていくことになるかもしれない。どういう決着がはかられるのか、それは誰にもわからない。

なお、本書の刊行に際して、大和書房第二編集局長の古屋信吾氏、同編集局の丑久保和哉氏からご支援をいただいたことを感謝いたします。

平成二〇年初春

参考文献

『維新戦役実歴談』児玉如忠編　マツノ書店（一九九四年）
『明治日誌』星亮一編　新人物往来社（一九九二年）
『大西郷全集』大西郷全集刊行会編　大西郷全集刊行会（一九二七年）
『松菊木戸公伝』木戸公伝記編纂所編　明治書院（一九二七年）
『京都守護職始末』山川浩著　沼沢七郎（一九一一年）
『心苦雑記』矢野原与七著　郡上史料研究会（一九六九年）
『会津戊辰戦史』会津戊辰戦史編纂会編　会津戊辰戦史編纂会（一九三三年）ほか

本文写真

共同通信社
読売新聞社
毎日新聞社

本作品は当文庫のための書き下ろしです。

星 亮一（ほし・りょういち）

一九三五年、仙台市に生まれる。作家。岩手県立一関第一高校、東北大学文学部卒業。福島民報記者、福島中央テレビ報道製作局長などを歴任。その後文筆業に転じ、日本大学大学院総合社会情報研究科修士課程修了。北東文芸協会、戊辰戦争研究会を主宰。

著書には『幕末の会津藩』『奥羽越列藩同盟』『会津落城』（以上、中公新書）、『新選組と会津藩』『白虎隊と会津武士道』『女たちの会津戦争』（以上、平凡社新書）などがある。

だいわ文庫

偽《いつわ》りの明治《めいじ》維新《いしん》
会津《あいづ》戊辰《ぼしん》戦争《せんそう》の真実《しんじつ》

著者　星亮一《ほしりょういち》

二〇〇八年一月一五日第一刷発行
二〇一七年一〇月三一日第一四刷発行

発行者　佐藤 靖
発行所　大和《だいわ》書房
東京都文京区関口一―三三―四 〒一一二―〇〇一四
電話 〇三―三二〇三―四五一一
ブックデザイン　鈴木成一デザイン室
本文印刷　慶昌堂印刷
カバー印刷　山一印刷
製本　小泉製本

ISBN978-4-479-30151-6
乱丁本・落丁本はお取り替えいたします。
http://www.daiwashobo.co.jp